KB170641

방구석에서 먼저 떠나는
중앙아시아

방구석에서 먼저 떠나는 중앙아시아

초판 1쇄 발행 2023. 4. 17.

지은이   최돈근

펴낸이   박상욱
펴낸곳   도서출판 피서산장
등록번호   제 2022-000002 호
주소   대구광역시 중구 이천로 222-51
전화   070-7464-0798
팩스   0504-260-2787

편집기획   이향숙
본문디자인 이신희
표지디자인 송현선

메일   badakin@daum.net

ISBN   979-11-92809-04-5   03910

〈참고자료 목록〉
1. 구글 검색 2. 네이버 검색 3. 네이버 지식백과 4. 두산 백과 5. 위키피디아
6. 미술대사전 7. 죽기 전에 꼭 봐야 할 세계 역사 유적 1001
8. 네이버블로그 '노랑장미의 햇살정원', '음유시인 시아닉의 세상 방랑기'

방구석에서
먼저 떠나는
중앙아시아

최돈근 지음

피서사장
감성으로 배우는 도서출판

책을 펴내며

코로나라는 특수한 상황에서 여행이 전면 금지되었지만 해외여행에
관심있는 분들의 갈증을 조금이나마 해소하고자 2021년 1월에 『방구
석에서 먼저 떠나는 이집트 여행』을 출간하였습니다. 많은 분들이 책을
읽고 여행지에서의 감동을 생생하게 느낄 수 있었다는 소식을 전해 주
셨고, 다음에 이집트 여행을 할 때 많은 도움이 되겠다는 응원의 메시지
를 보내주셨습니다. 그 메시지를 통해 용기를 얻어 후속작으로 『방구석
에서 먼저 떠나는 중앙아시아 여행』을 집필하게 되었습니다.

중앙아시아는 자유여행을 원하시는 분들이 많지만 인터넷에는 체계
적으로 접할 수 있는 정보가 많지 않아서 실행에 옮기지 못하는 분들이
많았습니다. 그래서 '선생님 배낭 여행' 밴드 회원들과 여행한 중앙아시
아 3국의 여행기를 정리해, 누구나 가이드북으로 사용할 수 있도록 여
행 정보로 내용을 구성하였습니다

2018년 12월에 밴드에서 2019년 여름 여행지 선호도를 조사하였습니다. '스페인 완전 일주+지중해 크루즈', '그리스완전일주+지중해 크루즈', '몽골 말타기', '미서부여행 샌프란시스코에서 옐로스톤'까지, '실크로드 우즈베키스탄에서 카자흐스탄'까지 여러 가지를 제시하여 투표를 하였는데 '실크로드 우즈베키스탄에서 카자흐스탄'까지가 압도적인 표차이로 선호도가 높았습니다. 중앙아시아를 여행하기 위해 6개월 동안 계획을 세워 2019년 7월에 중앙아시아로 떠났습니다.

중앙아시아는 말 그대로 아시아의 중앙에 위치해 있으며, 아시아와 유럽을 이어주기도 하면서 실크로드 역할을 담당했던 곳입니다. 보통 중앙아시아 하면 우즈베키스탄, 키르기스스탄, 카자흐스탄, 타지키스탄, 투르크메니스탄 5개국을 지칭하나 시간적인 사정으로 우즈베키스탄, 키르기스스탄, 카자흐스탄 남부 3개국을 여행했습니다.

실제로 여행을 다녀와 보니, 많은 사람들에게 중앙아시아 여행을 위한 자세한 정보가 필요하겠다는 생각이 들었습니다. 그래서 중앙 아시아 자유여행을 꿈꾸는 여행자에게 참고 자료가 되도록 여행기와 여행 정보를 전해드리려고 합니다.

여행을 하면서 현지 상황을 밴드에 게시글로 올린 것을 보고 현재도 많은 회원님들이 코로나 상황이 끝나면 중앙아시아 여행을 다시 기획해 달라는 요청이 많습니다.

선생님 배낭여행은 출발 6개월 전부터 여행에 참여할 분들과 함께 여행을 기획합니다. 서로가 일정을 정하고, 호텔을 선택하며, 본인이 하고 싶은 것도 사전에 제시하여 계획을 세웁니다.

이 책은 여행지에 대한 학문적 접근 방식의 내용을 줄이고, 중앙아시아를 다양한 방법으로 체험할 수 있을지를 소개하고 구체적인 이동 경로를 제시하였습니다. 또한, 여행 중에 만난 현지인과의 교류 경험을 곁들여 현장감을 담아내고자 했습니다.

부족한 내용이지만 『방구석에서 먼저 떠나는 중앙아시아 여행』이 중앙아시아 자유여행을 계획하시는 분들에게 많은 참고 자료가 되고, 여행에서 경험한 중앙아시아 노마드(Nomad)의 삶이 현대인들의 디지털 노마드(Nomad)의 삶에 보탬이 되었으면 하는 바람입니다.

중앙아시아 지명과 명소는 Google 검색과 지도 사용에 유용하도록 영어 병용 표기를 하였습니다.

이 책이 나오기까지 힘을 보태주시고 응원해 주신 모든 분들에게 깊은 감사를 드립니다.

최 돈 근

CONTENTS

CONTENTS

[중앙아시아 일정]

일	일정	비고
1일차	*인천--->타슈켄트	Hotel Uzbekistan 45 Mirzamakhmud Musakhanov Street Tashkent, 100047
2일차	*타슈켄트--->사마르칸트(기차) *시압 바자르 *고구려 사신 벽화가 있는 아프라시압 박물관 *레기스탄 광장	Tilyakori Hotel Gallaobod Ko'chasi Maxmudjanova 22, 140100 사마르칸트 (2박)
3일차	*아미르 티무르의 안식처, 구르 에미르(Gur Emir) *샤히 진다 묘/비비하눔 모스크/울르그 베그 천문대 /El Merosi공연	
4일차	*사마르칸트--->부하라로 이동(기차) *칼란모스크 *올드시티 바자르	Hotel Malika Bukhara Gavkushon Street 25, 200011 Bukhara
5일차	*시토라이 모이호사 *나비하우즈 *아르크성	
6일차	*부하라--->타슈켄트(비행기) *티무르 동상 *나보이 극장 오페라 또는 발레 공연 관람	Hotel Uzbekistan 45 Mirzamakhmud Musakhanov Street Tashkent, 100047
7일차	*타슈켄트 시내 관광(맛집, 쇼핑 등) *시티버스투어 *타슈켄트--->비슈케크(비행기)	Garden Hotel Mederova Street 115, 720000 비슈케크, 키르기스스탄
8일차	*자유의 여신상이 서있는 알라투 광장 *Bokonbayevo로 이동 *Issyk Kul호수 *스카즈카 협곡 *승마, 일몰, 별 사진	Jurten Camp Almaluu Issyk Kul, Gebiet Yssykköl, Kirgisis, Tong, 722000
9일차	*제티 오구즈 협곡(Jety-Oguz Gorge) *Karakol(카라콜) 이동	Matsunoki Koenkozov Street 44, 722200 카라콜
10일차	*알틴 아라샨(Altyn-Arashan)산 베이스캠프까지 차로 이동하여 말 타고 주변 경관 감상	Matsunoki Koenkozov Street 44, 722200 카라콜

1. 타슈켄트 2. 사마르칸트 3. 부하라 4. 타슈켄트 5. 비슈케트 6. 보콘바예보 7. 카라콜 8. 촐폰 아타
9. 국경 10. 사티 11. 알마티

——→ 비행기 ——→ 기차 ══➤ 자동차

11일차	*Cholponata(촐폰 아타)관광 *Kazahstan Saty로 이동 *Kaindy lake *Kegen border	Hotel Saty Saty, 카자흐스탄
12일차	* Kolsai Nation Park	
13일차	*Charyn Canyon(차른 캐년)	Renion Park Hotel 66 Kunaev Street, 050004 알마티, 카자흐스탄(3박)
14일차	*알마티 Shymbulak(침볼락), Big lake	
15일차	*알마티 시내 관광 및쇼핑 *알마티 출발	
16일차	*인천 도착	

*호텔 수건, 비누를 제외하고는 칫솔·치약·샴푸·슬리퍼·멀티 어댑터 등은 개별 준비
*현지에서 신용카드 사용이 어려움

*환율(178~186쪽 참조, 환율의 변화가 심한 나라이므로 출국 전에 반드시 확인해야 함)
한국 1000원(₩) = 9,000 우즈베키스탄 숨(SO'M)
= 70 키르기스스탄 솜(COM)
= 350 카자흐스탄 텡게(TEHRE)

TASHKENT
타슈켄트

아미르 티무르는 14세기 120여 민족이 공존하는
중앙아시아의 다민족 다문화를 통일시켜 유럽과 중동
그리고 아시아와는 다른 중앙아시아를 건설하고 실크로드를 재건하여
동서양의 선진 문명을 교차하게 한 영웅이다.
그를 추모하기 위하여 광장에 그의 동상을 위엄 있게 세워 놓았고
광장 옆에는 아미르 티무르 박물관도 위치해 있다.

Ⅰ. 중앙아시아 첫 관문 타슈켄트(Tashkent)

중앙아시아 3국(우즈베키스탄, 키르기스스탄, 카자흐스탄)을 여행하기 위해서 인천공항에서 비행기를 타고 여행의 첫 관문인 우즈베키스탄의 수도 타슈켄트 공항에 도착했다. 우즈베키스탄 타슈켄트 공항은 수도에 속해 있는 국제공항이지만 우리나라의 인천 공항에 비해서 규모가 많이 작은 편이다. 우즈베키스탄 사람들은 한국인에 대하여 호감도가 매우 높다. 첫발을 내디딘 공항에서 캐리어를 찾으러 가는데 '안녕하세요?'라며 인사를 건네는 사람도 있다. 우즈베키스탄 정부는 2018년 2월부터 관광 목적 등을 위해 입국하는 한국 국민에 대해 30일 무비자 입국을 적용하고 있다.

공항에서 일하는 사람이 부족한지 배기지 클레임(Baggage Claim)이 네 곳인데 그 시간대에 도착한 비행기 짐이 한 레인에서 나온다. 더군다나 휴가철이라 한국과 러시아에서 일하는 우즈베키스탄 사람들이 귀국하며 선물을 가득 싣고 오는 터라 우리의 캐리어는 감감무소식이었다. 무려 한 시간이 지난 후에야 감격적인 상봉을 했다.

어쨌든 캐리어를 찾아서 공항 밖으로 나갔다. 공항 밖을 나오면 관광객을 태워 가려는 기사들로 많이 붐빈다. 많은 현지인들은 버스를 기다리고 있다. 우리는 빨리 쉬고 싶어서 택시를 타고 예약한 호텔로 가기로 했다. 우즈베키스탄에서는 정식 택시도 있지만 자가용으로 택시 영업을 하는 사람들도 많은데, 이것을 이용하려면 러시아 및 중앙아시아에서 많이 사용하는 얀덱스(Yandex) 앱이나 마이택시(Mytaxi.uz)를 활용하면 편리하다. 첫날은 유심을 사용하지 않아서 공항에서 택시 기사와 직접 흥정하여 예약한 호텔로 갔다.

끊임없이 나오는 짐

너무 오래 기다려 표정이 먹먹

1. Uzbekistan Hotel(숙소) 2. 아미르티무르동상 3. 티무르박물관 4. 브로드웨이(Broadway)
5. 나보이극장(Navoi Theater) 6. 에펜디(Efendi) 7. 알리안스 호텔(Alliance Hotel)
8. 쉐데버 가든(Shedevr Garden) 9. 초수르 바자르(Chorsu Bazaar) 10. Tashkent Yuzhniy Station(남역)
11. Toshkent Railway Station (Shimoliy)(중앙역)

우즈베키스탄 화폐 단위는 숨(So'm)을 사용하는데, 2023년 4월 기준으로 환차손을 고려했을 때 우리 돈 1,000원은 9,000숨이며, 비자나 마스터카드로 ATM기에서 뽑아 쓰거나 달러를 가지고 가서 환전하면 된다. 우리 돈이 9배나 비싸 지폐의 양이 많아지므로 지갑보다는 파우치 같은 걸 가지고 가면 좋다.

한국에서 출발 전, 예약한 호텔에 미리 연락해 공항에서 호텔까지 픽업을 문의하니, 택시 한 대에 10USD(이하 '$')를 달라고 했다. 아무래도 비싼 느낌이 들어서 픽업을 요청하지 않고 현장에서 직접 해결하기로 하였다. 흥정은 여행의 기본이다. 공항에서 환전을 하지 않아 달러로 계산을 해야 했는데, 숙소까지 택시 한 대에 5$나 준다니 기사들이 모여들어 서로 태워가겠다고 난리도 아니었다.

그 상황에 한국에서 일하시는 근로자 분이 "5$나? 비쌉니다. 3.5$가 정상가입니다."라고 말씀하신다. "고맙습니다. 우린 4명이나 타고 짐까지 실어야 하니 5$ 주고 가겠습니다. 감사합니다."라고 대답하고 4개조(4,4,3,3명)로 나누어서 가려고 네 대를 불렀다. 5$에 기사분이 짐까지 들어주시고 서비스가 확실하다. 기사한테 우리가 예약한 호텔을 가르쳐 주고 출발했다. 이렇게 우리의 중앙아시아 여행이 본격적으로 시작되었다. 타슈켄트 여행의 출발지는 숙소로 정한 우즈베키스탄 호텔을 중심으로 설명을 하려고 한다. 여기가 이 도시의 중심이고 교통이 편리한 곳이기 때문이다.

타슈켄트 추천 호텔

숙소는 본인의 여행 스타일에 따라서 신중히 고려해야 할 요소이다. 나는 숙소를 정할 때, 여행 일정과 동선을 고려하여 교통이 편리한 시내 한가운데에 위치한 숙소를 좋아하는 편이지만, 사람에 따라서는 자연경관을 감상하면서 조용하게 쉴 수 있는 곳을 원하기도 한다. 각자의 취향이 다르므로 타슈켄트에 있는 여러 호텔에 숙박한 후에, 그중에 좋은 평가를 받은 몇 개의 호텔을 추천하고자 한다. 일반적으로 호텔은 아고다, 부킹닷컴, 호텔스닷컴 등의 숙박 예약 사이트를 통해 예약할 수 있다. 요즘은 하나투어, 모두투어, 인터파크 등의 한국 회사에서도 예약이 가능하므로 비교 후 할인율이 높은 곳에서 예약하면 된다.

알리안스 호텔(Alliance Hotel)

호캉스를 즐기지 않고 잠만 자고 조식을 먹기에 적당하다. 호텔을 예약할 때 전화번호를 메모해 두었다가 택시 기사에게 호텔 이름을 말해 주고 기사가 모르면 호텔 전화번호를 알려 주면 자기들끼리 통화해서 찾아간다. 2인 1실에 조식 포함 1박에 6만원 정도이며 가격에 비하여 내부가 깨끗하고 호텔 직원도 친절했다. 이 호텔의 위치는 시내 중에서

알리안스 호텔 외부

알리안스 호텔 내부

도 치안이 좋은 부자 동네에 있다. 수영장은 있지만 좁아서 이용하긴 어렵다. 조식은 풍성하진 않지만 나름 알차게 갖추어져 있다.

호텔 우즈베키스탄(Hotel Uzbekistan)

타슈켄트 관광을 하기에 최적의 위치이다. 아미르 티무르 광장(Amir Temur Square)이 바로 앞에 위치해 있고, 지하철역이 근처에 위치해 있어 시내 관광이 편리하다. 또한 호텔 정문에서 계단을 내려오면 시티투어 버스 출발지인 정류장이 있어 시티투어 버스를 하려는 여행객에게는 안성맞춤인 호텔이다. 관광객들이 많이 찾는 브로드웨이도 가까워

호텔 우즈베키스탄 외부

호텔 우즈베키스탄 내부

서 이동하기가 편리하다. 조식 메뉴는 그렇게 다양하지는 않지만 대형 호텔 이미지에 걸맞게 깔끔하게 구비되어 있다.

유심 구매 방법

호텔 우즈베키스탄에서 가까운 곳에 매장이 있다. 요즘은 인터넷 시대라서 어느 나라를 가든지 유심 구매는 필수이다. 러시아와 중앙아시아에서 많이 사용하는 비라인(Beeline) 유심을 구매하면 문제가 없다. 우리는 중앙아시아 3국을 여행하는 관계로 각 나라마다 유심을 따로 구매했다.

해외에서 유심을 구매하려면 대부분 여권이 꼭 필요한데 중앙아시아에서도 마찬가지다. 본인이 사용하고 싶은 번호는 여러 개가 제시되어 고를 수 있는데, 동행자들은 번호를 순차적으로 고르면 서로 연락할 때 사용하기가 좋다. 요즘 나오는 모바일 폰 유심을 교체할 때는 바늘 같은 핀이 필요한데, 대리점에서는 직원들이 핀을 가지고 있으므로 걱정할 필요가 없다. 영어를 잘 못해도 몸짓 언어로도 통하니 큰 문제는 없다.

아미르 티무르 광장, 박물관(Amir Temur Square, Museum)

숙소 바로 앞에는 광장과 박물관이 있다. 우즈베키스탄 정부는 1991 년 러시아로부터 독립을 하고 우즈베키스탄을 자랑스러운 나라로 만들기 위한 작업에 착수했다. 그 첫 번째가 세계 문명에서 중요한 역할을 한 역사적 인물을 찾아내어서 문화적 유산을 부흥시키고 국민들의 마음을 한곳으로 모으는 일이었다. 그중에 과학, 교육, 문화, 건축, 미술, 음악 및 시를 장려하여 티무르 르네상스의 토대를 마련한 아미르 티무르(Amir Temur)를 추앙하게 되었다. 이후 우즈베키스탄 정부는 1996 년을 '아미르 티무르의 해'로 선언했고, 티무르의 역사를 중심으로 타슈켄트 중부에 주립 박물관을 건설하였다.

아미르 티무르는 14세기 120여 민족이 공존하는 중앙아시아의 다민

족 다문화를 통일시켜 유럽과 중동 그리고 아시아와는 다른 중앙아시아를 건설하고 실크로드를 재건하여 동서양의 선진 문명이 어우러지게 한 영웅이다. 그를 추모하기 위하여 광장에 그의 동상을 위엄있게 세워놓았고 광장 옆에는 아미르 티무르 박물관도 위치해 있다. 뒤편에는 우즈베키스탄 호텔과 주요 관공서들이 많이 있으며 조금만 걸으면 식사할 곳들이 많다.

브로드웨이(Broadway)

숙소 바로 앞 아미르 티무르 광장에서 도로를 하나 건너면 타슈켄트의 문화 1번지라 불리는 브로드웨이가 있다. 이곳은 시내 중심에 위치한 번화가로 사일고흐 스트리트(Sailgokh Street)로 불리기도 한다. 키 큰 나무들이 만드는 그늘과 잔디밭이 있어 데이트를 즐기는 연인들을 비롯해 많은 이들이 모여드는 자유의 거리이자 공원이라 할 수 있는데 날씨가 너무 더워서인지, 아니면 이른 시간이어서인지 생각보다 사람들이 많진 않았다.

잔디밭 가장자리에서는 그림이나 골동품, 액세서리 등을 팔고 있어 벼룩시장 같은 느낌이다. 진열된 그림도 예뻤지만 가장 눈길을 끄는 건 사마와르라고 하는 50~60년 전의 러시아식 커피포트였다. 사마와르의 가운데에 숯을 넣어 가장자리에 넣은 물이 끓으면 차나 커피를 우려내어 마셨다고 한다.

저녁이 되어 다시 가니 사람들이 많이 모였다. 남녀노소 누구나 찾아오지만 특히 젊은이들이 많아서 활기차고 역동적이었다. 입구에서 자전거 렌트도 가능하며 깔끔하게 정리된 가로수길 양편에 맛집이랑 볼거리가 많이 있고 팔씨름, 자전거 핸들 거꾸로 잡고 타기, 줄타기 등 여러 가지 쇼를 보는 재미가 쏠쏠하다.

시티투어 버스

숙소 현관을 나와서 계단을 내려오면 시티투어 버스가 출발하는 정류장이 있다. 만약 숙소가 다른 지역에 있다면 메트로(지하철)를 타고 아미르 티무르 광장역(Amir Temur Hiyoboni)에서 내려 호텔 우즈베키스탄 건물을 보고, 그 방향으로 가면 된다. 호텔 우즈베키스탄은 건물이 높아 고개를 들면 근처 어디에서든 보인다.

시티투어 출발 정류장에 가서 기사에게 직접 비용을 지불하고 타면 된다. 시간은 2시간 30분이 소요되며 안내는 9개의 언어가 있는데 그중에 한국어가 포함되어 있어서 우즈베키스탄의 역사, 문화를 이해하는 데 도움이 된다. 1층은 실내고 2층은 오픈이 되어 있는데 여름에 온도가 섭씨 40도를 넘어가므로, 여름에는 2층을 추천하지 않는다.

타슈켄트 명소를 두루 돌며 세 군데는 내려서 구경한다. 여행코스는 다음과 같다. 아미르 티무르 광장-주립 박물관(10분 내려서 관람)-타슈켄트 TV 타워-미르노사원(10분 내려서 관람)-지진기념비-하즈라티 이맘(Hazrati Imam)광장(20분 내려서 관람)-초르수 시장—나보이 극장-아미르 티무르 광장으로 돌아오는 코스다. 짧은 시간에 타슈켄트를 가볍게 한번 돌아보기에는 제격이다. 호텔에서도 티켓 구입이 가능하나 별도의 서비스 차지가 더 붙는 걸로 알고 있으며, 우린 버스에서 직접 구입했는데 가격은 8$정도였다.

초르수 시장(Chorsu Bazaar)

숙소에서 지하철을 이용해 초르수역에 내리면 바로 초르수 바자르다. 우리는 더워서 호텔 로비에서 마이택시 앱으로 택시를 호텔 정문 앞으로 호출해서 이용했다. 초르수는 페르시아에서 온 단어로 교차로 또는 4개의 시내를 의미하는 말이라고 한다. 현재도 교차로에는 사람들의 왕래가 많듯이 과거에 여기가 교역이 상당히 많았던 장소로 추측이 된다.

초르수 바자르는 우리나라의 인명인 '철수'와 소리가 유사하여 철수 바자르라고도 불렀다. 초르수 바자르의 건물 지붕은 유르트(몽골의 게르)를 닮은 모습이다. 초르수 시장은 타슈켄트의 대표적인 시장으로 쌀과 향신료, 각종 야채와 과일 등의 농산물을 팔고 있는데 멀리서 보는

초르수 바자르 지붕은 마치 몽골의 게르인 유르트를 닮은 모습이었다.

날이 너무 더워서 먼저 입구에서 수박을 한 통 샀다. 그런데 우즈베키스탄에선 길거리에서 수박을 먹지 않는지, 내가 잘라 달라고 하니 조금 의아해했다. 더워서 한 통 먹고 가야 하니 잘라 달라하고 먹었는데 9천원에 가까운 돈을 요구했다. '우즈베키스탄 수도라서 조금 비싼가? 바가지 썼나?' 이런 생각을 했다. 자유여행할 때는 흥정을 먼저 하고 먹기를 권장한다.

초르수 바자르 내부 1층은 수산물이 많았으며 2층은 견과류와 말린 과일들이 많았다. 단단한 껍질이 있는 아몬드를 구매하여 먹어 보았는데 맛이 정말 고소하고 좋았다. 주변에 재래시장도 있으니 시간적 여유가 있는 여행자는 두루 둘러보면서 기념품을 사면 좋을 것 같다.

플로브 센터(Plov Center)

여기는 숙소에서 지하철을 이용할 수 있으나 여름에는 햇살이 너무 강해서 지하철역에서 센터까지 걷기가 불편하니 얀덱스 앱이나 마이택시 앱을 사용해서 택시를 불러 타고 가면 좋다. 호텔에 택시를 불러 달라고 해도 되지만 세금이 붙어 가격이 조금 비싸다.

플로브 센터는 타슈켄트에서 가장 유명한 맛집이며 어마어마하게 큰 식당인데 1,000명도 넘게 한꺼번에 들어갈 수 있다. 손님의 숫자에 비하여 종업원의 수가 적은지 주문하는 데도 시간이 걸리며 음식도 늦게 나온다. 종업원들은 기본적으로 영어에 약하나 메뉴를 보고 주문을 하면 소통에는 문제가 없다.

플로브는 러시아어로 부르는 음식 이름이고 우즈베키스탄 언어로는 이 음식을 오쉬(Osh)라 부른다. 오쉬는 쌀, 야채, 고기를 기름과 함께 가열하여 조리한 것으로 샤슬릭(Shashlik)과 함께 중앙아시아의 대표적인 음식이다. 이 집은 가마솥마다 각기 다른 고기를 넣어서 오쉬를 만들

고 있는데 가마솥이 얼마나 큰지 족히 1,000명은 먹어도 될 듯했다. 오쉬는 옛날 유목민 시절에 중요한 영양 공급을 위한 요리에서 유래되었으며, 요즘은 결혼식이나 축제에서 빠지지 않는 음식이다. 기름에 볶아서 조금 느끼하지만 현지에서 먹으니 기후와 어울려서 그런지 풍미가 좋다. 과일을 듬뿍 넣은 에이드를 주문할 수 있는데 맛이 괜찮았다. 양이 많아서 2인 1메뉴를 권장한다. 각종 음료 및 야채 샐러드, 요거트, 빵 종류도 팔며 고기만 주문도 가능하다. 이 나라 사람들은 음식을 먹다가 남으면 버리지 않고 포장해간다. 집에서도 먹으려고 하는지 포장 주문도 많은 듯했다.

에펜디(Efendi)

여기는 숙소에서 얀덱스 앱을 통해 택시를 이용해서 가면 좋다. 터키식 음식점이며 메뉴가 다양하고 맛도 좋았다. 직원들이 플로브 센터보다 빠르게 주문도 받았고 기본적인 영어도 구사했다. 터키에서 음식을 먹으면 우리 입맛에 잘 맞듯이 여기서도 어떤 음식을 시키든 탁월한 선

택이다. 가격, 분위기, 음식 등 모든 것이 모두 만족스러웠다. 우리는 바비큐와 피데, 그리고 몇 가지 요리를 주문해서 먹었는데 입맛에 아주 잘 맞았다.

쉐데버 가든 레스토랑(Shedevr Garden Restaurant)

우리는 여행을 가면 자유여행 연습을 위해 한 명씩 과제를 부여하는데, 저녁 식당을 알아보는 미션을 받은 회원님이 발견한 곳이다. 쉐데버 레스토랑이 좋다고 하니 그쪽으로 가보자 해서 검색해 보니 택시로 30분 정도 가야 하는 곳이라서 가지 말까 하다가 갔는데 결론은 대박이었다. 이 회원은 자유여행이 처음이라고 하는데 용하게도 참 좋은 식당을 찾아냈다.

들어서자마자 자연스럽게 만들어진 인공 폭포수와 환상적인 테이블, 현장에서 듣는 바이올린 연주가 우리를 압도한다. 매니저가 바이올린 연주 바로 앞자리를 마련해 주었으나 음악이 너무 크게 들려서 음악감상과 이야기하기 좋은 좌석으로 옮겼다. 음식을 주문했는데 종업원이 우리의 요구를 잘 알아듣지 못하여 종업원에게 매니저를 불러오라 했는데 매니저라는 말도 알아듣지 못하였다. 우리를 안내했던 매니저가 머리를 짧게 깎고 있어서, 종업원에게 머리를 가리키며 '빡빡이'라고 우리말로 표현을 하니, 그가 막 배를 잡고 웃더니만 그 뜻을 알아챘는지

매니저를 데리고 왔다.

우리는 티본스테이크와 안심스테이크를 주문했었는데 가격은 한 메뉴당 1만 5천원 정도 했던 것 같다. 분위기와 퀄리티에 비하면 정말 가성비가 좋은 식당이었다. 여행 중 생일을 맞는다든지 축하할 일이 있을 때 이 식당을 방문한다면 파티 분위기를 한껏 고조시킬 수 있을 듯하다. 마침 우리 테이블 옆에 생일을 맞은 팀이 있었는데 생일 축하 공연을 성대하게 해주었다.

나보이 극장(Navoi Theater)

숙소에서 택시를 타고 갔다. 현재의 건물은 알렉세이 슈세프(Alexey Shchusev)가 설계하였고 1942년부터 1947년에 걸쳐 완공되었다. 극장은 1,400여 명의 관중을 수용할 수 있다. 1945년부터 1947년까지 일본군 전쟁 포로들을 이 건물을 짓는데 동원했다고 하는데 그들 중에 우리 동포들은 없었을까 하는 애잔한 마음이 들었다. 공연을 한번 보려고 했

으나 8월 21일까지 휴관이었다. 우리는 8월 14일에 귀국할 예정이라서
공연을 보지 못하기에 안타까운 마음에 자체 공연을 기획했다. 포스트
의 동작을 따라 해보았는데 이렇게라도 하니 공연을 못 본 아쉬움을 조
금이나마 달랠 수 있었다. 다음번에는 꼭 볼 수 있기를 희망한다.

타슈켄트 식물원(Tashkent Botanical Garden)

오후에 우즈베키스탄 한국어교육원을 방문하기로 하였고, 오전은 일
정이 비어있는 자유시간이었다. 조식을 먹으며 내가 오전에는 근처에
식물원이 있어서 가보려 한다 했더니 모두들 같이 가자고 하였다. 큰 기
대를 하지 않고 간 곳이지만 뜻밖의 수확이었다. 식물원을 돌아다니며
한껏 폼을 잡고 사진을 찍었다. 녹색의 식물과 인물의 사진이 멋지게 연
출되었다.

식물원 안쪽으로 들어가던 도중 거기에서 유치원 졸업식을 하고 있

었다. 구경도 구경이지만 현지인과의 교류가 여행의 묘미가 아닌가? 이 행사에 우리는 함께 참여가 가능한지 물었더니, 스스럼없이 환영한다고 하였다.

졸업생들의 소감 발표, 댄스 공연 등 여러 순서가 있었는데, 한국에서 여행온 사람들도 축하 인사를 해달라는 요청이 있어서 영어를 전공한 회원이 축하의 인사를 멋들어지게 해주었다.

한국인과 한국 문화에 대한 호감을 체감하다

2000년대가 시작되면서 우즈베키스탄에서도 한류 열풍이 불고 있다. 1991년 우즈베키스탄과 한국이 외교 관계를 맺고, 이후 한국의 문화 콘

텐츠가 들어오면서 한국이 많이 알려졌다. 특히, 드라마를 통해 우즈베키스탄 사람들이 한국 문화에 대해서 많이 알게 되었다고 했다. 현재 우즈베키스탄에서는 한국교육원이 설립되어 한국어를 배우는 학생들이 많아졌고, 한국어 시험은 응시자가 날로 증가하는 추세이다. 한국교육원을 방문해서 우즈베키스탄 사람들이 한국어와 한국 문화에 관심이 많다는 것을 체감하게 되었다.

우즈베키스탄에는 한국어를 할 줄 아는 우즈베키스탄 사람들이 많이 있다. 어딜 가나 '안녕하세요?'를 하는 사람들이 참 많았다. 한국의 조선소에서 짧게는 4년에서 길게는 10년까지 일을 하고 돌아온 사람들이 많기 때문이다. 타슈켄트의 어느 작은 호텔을 예약했을 때, 그 호텔 사장님은 한국의 조선소에서 일해서 모은 돈으로 호텔을 지었다고 했다. 한국말을 곧잘 하였고 내 생일이 자기보다 빠르다고 나를 '형님'이라고 불렀다. 게다가 사장님이 한국어를 할 줄 아니까, 숙소 도착 전에 저녁을 좀 준비해 달라고 부탁할 일이 생기는 경우에도 한국말로도 의사 전달이 가능해서 좋았다.

시티투어 버스를 타고 시내 관광을 하다가 하즈라티 이맘(Hazrati Imam) 광장에 다다랐을 때, 버스 창문 밖에서 많은 학생들이 "안녕하세요!"를 외치는 소리가 들렸다. 우리가 한국인인 줄 어떻게 알았을까? 우리가 버스에서 내리니 '와!'하는 소리와 함께 많은 학생들이 모여들었다. 모두들 한국에 관심이 많다고 하면서 우리를 보고 '몇 살인지?', '직업은 무엇인지?'를 물었다. 인기 있는 연예인이 되었다는 생각이 들 정도였다. 우리가 이맘 모스크 건물 안으로 들어갔는데 거기에도 학생들이 함께 따라 들어와서 같이 사진도 찍고 이런저런 이야기를 나누면서 재미있는 시간을 보냈다.

타슈켄트에서 사마르칸트(Samarkand) 가기

타슈켄트에서 실크로드의 교역지 사마르칸트로 가는 방법은 항공, 기차, 버스, 택시 등 많은 방법이 있다. 우리는 이번에 기차를 이용하기로 했다. 여행지에서의 기차여행은 특별한 추억을 만들어 준다.

예약은 https://e-ticket.railway.uz/lang-en/index.html 의 사이트에

서 회원 가입을 하고 예약한다. 만약 직접 예약이 어렵다면 숙소를 예약하고 숙소에 메일을 보내 부탁해서 발권하면 된다. 자리가 없을 수 있으니 사전 예약을 추천한다. 내가 예약할 때는 컴퓨터로 몇 번이나 오류가나서 핸드폰으로 시도해보니 바로 되었다.

우리는 우즈베키스탄에 한국의 KTX와 같은 고속 기차 아프라시압(Afrasiab)이 있다 하여 한번 타보기로 하였으나 인원수가 많아서 예매에 실패하였다. 고속 기차는 이용자가 많고 여행사에서 미리 표를 사놓기에 예약이 어렵다는 이야기를 들었다. 할 수 없이 일반 기차 샤르크(Shark)를 예매하였다. 퍼스트 클래스를 끊었는데 가격은 아프라시압 일반석보다 더 비쌌다.

예약 사이트에서 760번대 '76*Ф(CKPCT)(ER)' 이렇게 적혀 있고, 2시간 걸리는 기차를 예약하면 아프로시압이다. 나머지 기차들은 3시간 30분에서 4시간까지 소요되며 가격도 다르다. 티켓을 받으면 티켓의 해석에 시간이 걸리므로 아래의 사진을 참고하면 되겠다.

타슈켄트에 기차역은 2개가 있지만, 그중에 샤르크 기차를 타는 역은 남(南)역 타슈켄트 유니이(Tashkent Yuzhniy), 지도에 10번 표기)역으로 가야 하고, 아프라사압을 타야 하는 여행객은 타슈켄트 기차역

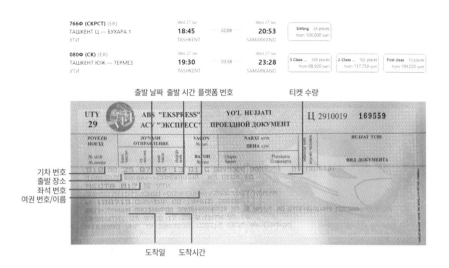

766Ф (СКРСТ) (ER)
ТАШКЕНТ Ц — БУХАРА 1
УТИ

Wed 27 Jan
18:45
TASHKENT

02:08

Wed 27 Jan
20:53
SAMARKAND

Sitting 24 places
from 100.000 sum

080Ф (СК) (ER)
ТАШКЕНТ ЮЖ — ТЕРМЕЗ
УТИ

Wed 27 Jan
19:30
TASHKENT

03:58

Wed 27 Jan
23:28
SAMARKAND

3 Class 389 places
from 88.920 sum

2-Class 162 places
from 117.750 sum

First class 10 places
from 199.020 sum

출발 날짜　출발 시간 플랫폼 번호　　　　　티켓 수량

기차 번호
출발 장소
좌석 번호
여권 번호/이름

도착일　도착시간

(Toshkent Railway Station(Shimoliy)), 지도에 11번 표기)로 가야 한
다. 기사들 대부분이 영어로 소통할 때 문제가 생기면 다른 역으로 갈
수 있으므로 택시 기사에게 기차표를 보여주고 확인하고 가야 한다.

기차를 탔는데 어찌된 일인지 우리 자리가 퍼스트 클래스인데 역에
선 이코노미와 비즈니스만 이야기한다. 분명 예약할 때는 그런 게 없었
는데, 사마르칸트의 예매 창구에서 직접 부하라 가는 기차표를 예매해

보니 이코노미와 비즈니스로 구분해서 물었다. 예약사이트에 구분된 퍼스트, 세컨, 써드는 또 무엇인가? 어쨌거나 비즈니스는 좋은 게 아닌가? 비행기도 비즈니스를 타 본 적이 없는데 기차라도 비즈니스가 있으니 잘됐구나 싶었다. 열차는 인터넷 예약할 때 봤던 기차 구조와는 달랐다. 비즈니스는 4인 혹은 2인이 함께 앉을 수 있는 구조로 되어 있었고, 우리들만의 독립된 출입문과 테이블이 있어서 음식을 먹기에 편리했다. 긴 기차여행에서 맥주와 수박도 시키고 가지고 있는 여러 가지 군것질거리를 먹으며 담소를 나누니 금방 사마르칸트에 도착하였다.

실전 여행 노트

여행을 가기 전에 경로를 짜고 현지를 조사하고 하는 일에 비하여 실제 여행은 간단하다.

    1. 준비물 사전 점검
        – 여권, 핸드폰, 항공권, 숙소 바우처, 충전기 등
    2. 공항에서 비행기 탑승하기
        – 상황에 따라 탑승 게이트가 바뀔 수 있으니 자주 확인하자.
    3. 목적지에 도착하기
        – 짐도 찾고 입국 신고도 한다.
    4. 현지 교통 수단을 이용하여 예약한 숙소로 가기
        – 공항버스, 택시, 지하철, 셔틀버스 등
    5. 짐을 풀고 유심칩 구매 후 준비된 여행을 한다.
        – 여권, 핸드폰 지참

꿀팁 정리

1. 우즈베키스탄에서는 한국말을 알아듣는 사람들이 많으므로 주의해서 말을 해야 한다.
2. 우즈베키스탄에서 환전을 하면 지폐의 양이 많아지므로 지폐를 넣을 파우치를 준비하면 좋다.
3. 모든 물건은 흥정 후 구매 한다.
4. 여름에는 가급적 에어컨이 있는 택시를 이용하는 것이 좋다.

SAMARKAND
사마르칸트

'사마르칸트'라는 말의 어원은
타지키스탄 어로 '남자와 여자'라는 뜻이라고도 하고,
'푸른색(거룩함, 성스러움을 상징)의 도시'라는 뜻도 있다.
14~15세기경 티무르 제국의 수도였던 사마르칸트는
우즈베키스탄 제2의 도시이다.

Ⅱ. 실크로드의 중심 사마르칸트(Samarkand)

칭기즈 칸의 몽골제국이 멸망하고 난 후, 칭기즈 칸의 영광을 다시 찾겠다며 몽골제국의 재건을 꿈꾸면서 중앙아시아에서 일어난 나라가 바로 '티무르 제국'이다. 사마르칸트는 이 티무르 제국의 수도였던 곳으로 14-15세기경에 크게 번영을 누렸던 곳이다. 유럽과 아시아 사이의 길목인 만큼, 다양한 물산의 교역이 이루어지는 중심 도시였다.

인구는 약 40만 명으로, 한때는 옆 나라인 타지키스탄의 영토였던 적이 있어 타직인들이 많이 보인다. '사마르칸트'라는 말의 어원은 타직어로 '남자와 여자'라는 뜻이라고도 하고, '푸른색(거룩함, 성스러움을 상징)의 도시'라는 뜻도 있다. 우즈베키스탄 중서부의 관문 도시인 사마르칸트는 수도인 타슈켄트에 이어 우즈베키스탄 제2의 도시이다.

기차에서 즐거운 시간을 보내는 사이, 실크로드의 고대 도시 사마르칸트에 도착했다. 여름인데다 섭씨 40도를 웃도는 기온이라 햇살이 너무 따갑게 느껴졌다. 기차에서 내리니 정체불명의 짐꾼들이 몰려와 우리의 짐을 옮겨 주겠다고 했다. '조그마한 기찻길 하나만 건너면 되는데 짐을 옮겨 준다니?', '짐을 들고 사라지면 어떻게 하지?' 이런 걱정에 일행 모두에게 짐꾼 경계령을 내렸다. '가방을 가지고 사라질지도 모르니 본인 가방은 본인이 들고 갑시다.' 우리는 짐꾼들의 요구를 거절했다. 그러나 그것이 실수였다.

이 역은 지상 건널목이 없으며 관광객은 철로를 가로질러 건널 수 없다. 반드시 지하 통로를 통해서 건너가야 한다. 지하 통로에는 엘리베이터나 에스컬레이터가 없다. 자기의 짐은 자기의 힘으로 끌고 가야 한다. 한 여성 회원은 가방이 어찌나 무거운지 평지에서 끌기에도 벅차다. 그런 짐을 가지고 오르막 내리막을 몸소 체험하면서 사마르칸트의 호된 신고식을 치렀다. 그 사람들은 기차역에서 짐을 옮겨다 주고 용돈벌이를 하는 직원이었다. 이런 신고식의 교훈을 되새기며 역에서 짐을 옮길 땐 꼭 짐꾼에게 맡겼다.

도착한 사마르칸트 역에서 숙소로 가기 전에 부하라로 가는 표를 미리 예매했다.

'3일 뒤에 부하라로 가는 아프라시압(Afrasiab) 기차를 예매하려 합니다.'

'아프라시압(Afrasiab)은 없고 일반 기차만 있습니다.'

'아 그럼 일반 기차로 주세요.'

'이코노미와 비즈니스가 있습니다.'

'비즈니스로 주세요.', '앞으로 여행을 할 사람들을 위해 사진 한 장 찍고 공개해도 될까요?'

'네, 괜찮습니다.'

이런 대화가 오간 후, 우리는 부하라로 가는 기차표를 발권하고 숙소로 가기 위해 기차역을 빠져나갔다.

역에서 벗어나자마자 나무 그늘에 몇 명의 아저씨들이 모여 있더니 그중에 한명이 우리를 보자마자 한국인인 줄 어찌 알고 '안녕하세요?'를 소리치며 다가온다. 한국에서 4년을 일하고 돌아와서 택시 영업을 한다고 했다. 한국말은 초급 수준이지만 일상적인 대화가 가능했다. 4개의 조로 나누어서 택시를 타고 예약한 숙소 틸야코리 호텔(Tilyakori Hotel)로 갔다.

사마르칸트 시내 지도는 아래를 참조한다.

사마르칸트 기차역

Observatory of Ulugbek Samarkand
7 Observatory of Ulugbek Samarkand

Afrasiyab Settlement

6 Afrasiyab Museum

Taksi Payaryk
택시 승강장

5
4 시압 바자르
Hazrat Khizr Mosque
모스크

Bibikha**m** Hotel

비비하눔사원 **3**

1 Tillya-Kori Hotel

Tillya-Kori Madrasah
2 레기스탄

Uzmobile Samarkand

9

ZEBINISO

구르 아미르 광장
Go'r Amir Maqbarasi
8 구르 아미르 광장

1. 틸야코리 호텔(숙소) 2. 레기스탄 광장 3. 비비하눔 모스크 4.시압 바자르 5. 하즈랏히즈르 모스크
6. 아프로시압 박물관 7. 울루그 베그 천문대 8. 구리 아미르 광장 9. 엘메로시 극장

사마르칸트 추천 호텔

틸야코리 호텔(Tilyakori Hotel)

틸야코리 호텔(Tilyakori Hotel)은 부킹닷컴 위치 평점 9.8점(10점 만점)을 얻을 정도로 요지에 있다. 레기스탄 뒤편에 위치해 있어서 레기스탄을 갈 때, 오른쪽의 정원을 지나면 레기스탄 정면에 위치한 마드레사 틸야코리 후면과 만난다. 사마르칸트에서는 레기스탄이 가장 유명한 장소인데, 다니기도 편리하고 밤에도 도보로 이동할 수 있는 최적의 위치다. 호텔 위치가 틸야코리 마드레사(Tillya-Kori Madrasah) 뒤편에 위치해서 호텔 이름을 틸야코리라고 지었다.

침대는 조금 삐걱거리고 룸 컨디션은 덜 고급스러우나, 좋은 분위기에서 아침 식사를 할 수 있다. 시장에 가서 먹을 것을 사서 조리를 해 달라고 하면 원하는 상차림도 가능하다. 자기네들이 먹지 않는 밥을 지어줄 정도로 직원들이 매우 친절하다. 하루는 아침에 염소 울음소리가 나

서 마당에 가보았더니, 주인아저씨가 산 염소를 잡고 있었다. 무서운 광경에 놀라 '와 이라노?' 했더니만 오늘은 '무슬림의 날'이라서 염소를 잡는다고 했다. 무슬림의 날에는 산 짐승을 잡는다는 걸 처음 알았다. 염소 잡는 사진은 생략한다.

비비하눔 호텔(Bibikhanum Hotel)

틸야코리 호텔에 짐을 맡기고 배가 고파서 점심을 먹으려고 하니 틸야코리 호텔에서는 점심을 판매하지 않는다고 해서 이곳을 찾았다. 도착하자마자 모두들 '와, 경치 좋다'고 하면서 주변 풍광에 잠시 넋을 놓았다. 시장기가 더해져서 메뉴판을 보고 이것저것 닥치는 대로 주문을 넣었다. 더위를 식히려고 맥주와 차도 주문했다. 그런데 음식은 우리 입

맛에 맞지 않았는지 회원들이 많이 남겼다. 여기서는 주로 맥주나 차를 마시고 주변 경관을 감상하는 것이 좋겠다. 호텔 안을 돌아보니 규모가 상당하여 많은 인원을 수용할 수 있어 보였다. 2층의 레스토랑에서 조식을 먹으며 비비하눔 모스크를 보면 그 운치는 정말 끝내 줄 듯하다. 이 호텔의 포인트는 눈부신 경치에 있는 것 같다. 사마르칸트 장기 투숙객이라면 이 호텔을 추천한다.

우즈베키스탄 전통풍의 호텔보다 신식 호텔을 선호하는 여행객은 사마르칸트 시내에서 머물 것을 권장한다.

레기스탄 주변 지도

비비하눔 모스크(Bibi Khanym Mosque), 시욥 바자르(Siyob Bazaar)

비비하눔은 티무르 왕의 왕비 이름이다. 이 모스크는 티무르 왕이 1399년 인도 원정을 다녀온 후 새로운 수도였던 사마르칸트에 모스크를 세울 것을 명령해 인도 원정을 하는 동안 수집해 온 호화로운 원석을 사용해서 만든 사원이다. 90마리의 코끼리를 잡아와서 사역에 이용했다고 전해지는데, 1399년~1404년 사이에 완성된 것으로 추측된다. 다른 설로는 인도로 원정을 떠난 티무르를 위해 왕비 비비하눔이 당대

훼손된 타일

의 유명한 건축가를 시켜지었다고 한다. 멀리서 볼 때는 한없이 아름다 웠는데, 가까이 가보니 부서진 부분의 보수가 더뎌서 그런지 사원의 일부 타일이 떨어지고 부서진 상태였다. 티무르 왕이 왕권 강화를 위해 너무 급하게 건축을 강행하다 보니 부실 공사를 한 것이 아닌가 추측한다. 그래도 내부는 잘 꾸려진 정원 같은 느낌을 주어 피로에 지친 여행객에게 휴식의 공간을 내주기에 충분했다.

입구에 들어서는데 한 아주머니가 살구씨를 까서 먹으라고 건넨다. 너무나 고소한 맛이 나서 아몬드인 줄 알았다. 아주머니는 계속 살구씨를 까서 우리 일행들에게 먹으라고 가지고 온다. 고마운 마음에 약간의 팁을 주니 절대 안 받아서 한국에서 준비해 간 기념품을 하나 주었다. 우즈베키스탄을 여행하면서 느꼈지만, 이 나라 사람들은 사진 찍는 걸 정말 좋아한다.

사진을 거절하는 사람은 못 본 듯하다. 살구씨 아주머니도 같이 사진을 찍는데 다른 아주머니도 와서 같이 찍어 달라고 했다.

비비하눔 모스크는 우즈베키스탄 정부가 1974년 공식적으로 재건축 사업을 시작했다. 하지만 현대식 복원 기법을 적용하여 원래의 아름다움을 살리지 못해 많은 고전적인 아름다움을 상실했다는 평도 있다.

600년 전부터 이 모스크 주변에는 상인들이 모여들어 거대한 시장을 만들었다. 이 시장을 시욥 바자르(Siyob Bazaar)라고 한다. 시욥 바자르는 사마르칸트에서 제일 큰 재래시장이다. 이 시장에서 파는 물건들은 타슈켄트에서 소개한 초르수 바자르와 비슷하다. 견과류의 종류가 너무 많아서 물건을 가리키며 상인에게 묻기만 하는데도 한 시간이 훌쩍 지나간다. 설날에 곶감에 견과류를 넣어서 말아 만든 맛있는 먹거리가 우리나라에만 있는 줄 알았는데, 중앙아시아를 와보니 그게 아닌 듯하다. 다양한 종류의 과일에 많은 종류의 견과류를 넣어서 여행자의 입맛을 유혹하는 상품이 즐비하다.

시욥 바자르를 나선 뒤 주위를 살펴보니 시욥 바자르에서 출발하는 미니 전동차가 있었다. 목적지가 어디인지를 묻지도 않고 무작정 올라탔다. 가격을 물어보니 우리 돈 100원 정도의 금액이었다. 돈을 내고 앉자마자 목적지에 도착했다고 한다. 한 정거장만 운행하는 전동차였는데, 그곳이 곧 레기스탄 광장이었다.

레기스탄(Registon) 광장
전동차를 타고 레기스탄 광장에 왔다. 레기스탄은 페르시아어로 '모래가 있는 곳'을 뜻한다. 사마르칸트의 중심지로 이곳에서 알현식, 사열식, 각종 모임 등이 열렸다. 광장 안에는 이슬람교 학교인 마드라사(Madrasah)가 3개 있다. 광장 왼쪽에는 울르그 베그(Ulugh Beg, 1417년~1420년) 마드라사, 오른쪽에는 셰르도르(Sher-Dor, 1619년~1636년) 마드라사, 가운데에는 틸랴코리(Tilya-Kori, 1646년~1660년) 마드

올루그 베그 마드라사 정문

라사가 있다. 마드라사는 젊은이들에게 교리를 가르치는 이슬람교 사원 부속의 고등 교육 시설이다. 교과 과정은 교양 과목인 세 가지의 학문 (Trivium, 문법, 논리학, 수사학)을 비롯해, 법(피끄-fiqh), 전통적 수학 체계(압자드-abjad), 문학, 역사, 고급 문법, 예배 시간 계산법, 코란 해석법 및 낭송법 등이 포함되어 있고, 약학과 농학(農學) 강의도 가끔 이루어지곤 했다.

현재 우즈베키스탄의 50숨짜리 지폐에 이곳 광장이 그려져 있으며, 국가적인 대규모 경축 행사나 명절, 기념일 행사가 열린다. 겨울을 제외하고 매주 목, 토, 일요일 밤이면 '소리와 빛의 제전'이 열리고 있다. 2019년에는 4월 우리나라 대통령도 레기스탄에 다녀갔다 한다. 레기스탄은 사마르칸트 시민들이 웨딩 사진을 찍으러 많이 오는 곳이다. 우리가 방문했던 날짜가 2019년 7월 26일이었는데 군인들이 바리케이트를 치고 못 들어가게 해서 안에 들어갈 수가 없었다. 이유를 물어보니 8월

왼쪽 울루그 베그 마드라사, 가운데 틸야코리 마드라사, 오른쪽 세르도르 마드라사

26일 큰 행사가 있고 행사 준비로 무대 설치가 한창인데, 보안상의 문제가 생길까봐 행사가 끝나기 전까지는 못 들어간다고 한다. 허무하게 발걸음을 돌릴 수 없어 못 알아듣는 척하고 그냥 들어가려니 몇 명의 군인이 막아서서 물러설 수밖에 없었다. '내일 몇 시부터 무대 설치를 하느냐?'고 물으니 아침 7시부터라고 했다.

우리는 뒤편의 박물관 주변에 걸터앉아서 진입 작전을 짰다. 아침 7시에 무대 설치 작업이 시작되니 새벽 5시 50분에 호텔 로비에 모여서 공사 시작 전에 들어가 보자고 의견을 모았다. 물론 새벽 5시 50분에 로

1. 틸야코리 마드라사 정문
2. 세르도르 마드라사 정문
3. 세르도르 마드라사 내부

비에 모인 사람만 거사(?)에 참여하기로 했다.

다음날 새벽 5시 50분 한 분도 빠짐없이 다 모였다. 그리고 빠른 걸음으로 레기스탄으로 향했다. 틸야코리와 세르도르 사이에 바리케이트가 있었다. 그곳을 돌아서 들어가려는데 어디선가 몇 명의 군인이 나타났다. '우리는 한국에서 왔고 오늘이 한국으로 돌아가는 날이다. 이곳을 못 보고 가면 한국에서 여기까지 온 보람이 없다. 꼭 들어가야 한다.' 하고 애원하는 표정을 지으며 약간의 팁을 제시하니 다행히도 빨리 보고 나가라고 했다. 7시가 되면 일하는 사람들이 오니까 한 시간 동안 관람하라 했다. 그렇게 해서 우리 외에는 한 명의 관람객도 없는 우리만의 레기스탄 입성에 성공했다.

울루그베그는 티무르의 손자로 천문학의 황제이며 아랍어, 페르시아어, 투르크어, 몽골어 및 중국어 등 5개의 언어를 사용했다고 한다. 틸랴코리는 금 세공인이라는 의미인데 금장식이 아름다운 마드라사이다. 셰르도르는 사자라는 뜻으로 마드라사의 정면에 사자, 사자 등에 떠오르는 태양의 상징물에 사람 얼굴, 노루 같은 짐승이 그려져 있다. 기하학적인 문양이 일반적인 마드라사의 특징을 감안하면, 동물을 표현한 것은 이례적이다.

마드라사는 1층은 강의실, 2층에는 기숙사가 있었다고 하는데 현재 1층에는 기념품을 파는 가게들이 자리하고 있었다.

다음에 소개하는 유적지는 택시를 2일간 예약을 해서 다녔던 곳으로 다른 분들도 택시를 예약해서 다니길 권장한다. 택시 기사가 한국말을 잘하고 친절하다면 1일 택시 한 대에 50$, 한국말이 서툴면 20~30$ 정도로 이용이 가능하다.

티무르 영묘(Gur-e Amir Timur)

티무르(Timur)는 중앙아시아의 몽골인 군사 지도자이며, 티무르 제국의 창시자이다. 그의 이름은 본래 몽골어계 인명인 테무르(Temur)이나, 그것의 페르시아어 표현인 티무르(Timur)라는 표기로 더 많이 쓰인다. 유럽권에서는 태멀레인(Tamerlane) 또는 타메를란이라고 부르기도 한다.

구리 아미르(Gur-e Amir, 우즈베크어 : Amir Temur maqbarasi)에서 '구리'는 무덤, '아미르'는 왕이라는 의미로, 합치면 '왕의 무덤'이라는 의미의 페르시아어다. 티무르는 총애하던 손자이자 왕위 계승자로

영묘 정문

티무르 영묘 천장 벽

추정되는 무하마드 술탄(Muhammad Sultan)이 1403년 29세의 나이로 앙카라 전투에서 사망하자 그를 위한 안식처로 이 묘를 만들었다. 1405년 티무르 자신이 죽어 이곳에 묻혔고 나중에 그의 아들 미란 샤(Miran Shah)와 샤 루크(Shah Rukh)도 여기에 묻혔다. 그리고 손자 무하마드 술탄의 영적 조언자이자 티무르의 친구이고 스승이기도 한 사이드 바라카(Sayyid Barakah)도 그 안에 묻혔다. 천문학의 황제인 티무르의 손자 울르그 베그도 여기에 잠들었다.

구리 아미르는 정문과 본당 건물, 돔 미나렛으로 이루어져 있다. 정문에 새겨진 아라베스크 문양의 아름다움이 많은 이들의 시선을 끈다. 본당 건물의 청색 돔에는 63개의 주름이 만들어져 있는데 이슬람 창시자인 마호멧 선종이 63세의 나이로 사망해서 63개의 주름을 넣었다 한다. 그 당시의 탁월한 염색술 덕분에 6백여 년이 지난 타일의 색이 아직도 아름다운 자태를 뽐낸다.

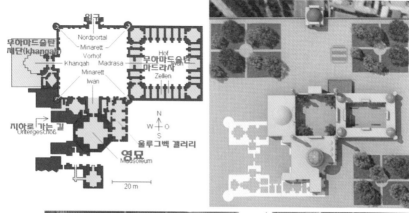

1. 아미르 티무르, 2. 손자 울루그 베그, 3. 손자 무하마드 술탄 4. 스승 사이드 바라카,
5. 아들 샤 루크, 6. 아들 미란 샤, 7.압둘라흐만, 8. 증손자 압둘로

티무르 영묘는 위의 도면을 참조하면 이해가 쉽다.

　관은 놓여져 있지만 실제 관은 지하에 매장되어 있다. 제국의 창시자

티무르의 관은 손자 무하마드 술탄이나 스승 사이드바라카 관보다도

크기가 작고 모양도 소박하다. 영묘 벽과 천장의 아라베스크 문양을 보

면 탁월한 건축 기술을 가지고 있었음을 알 수 있으며 벽과 천장의 문

양에 8kg의 황금을 사용하였다고 한다.

미나렛은 원래 4개였으나 온전한 것은 2개이고 부서진 2개는 아직 미복원 상태이다. 입구와 뒤뜰 지하로 내려가면 티무르와 관련된 기념품을 파는 곳이 있는데 쇼핑을 즐기기에도 좋다.

구리 아미르에 있는 티무르의 검은 돌로 된 관 속에는 "내가 이 무덤에서 나올 때, 가장 커다란 재앙이 일어날 것이다."라는 문장이 새겨져 있어 아무도 관을 열지 않았다. 그러나 1941년 6월 19일 소련 과학자의 조사에 의해 개봉이 되어 티무르의 키가 172cm라는 사실과 절름발이 티무르라는 그의 별명대로 다리의 장애가 있었고, 울루그 베그는 머리와 몸통뼈가 분리되어 있음을 확인하였다고 한다.

울루그 베그 천문대(Ulugh Beg Observatory)

1428년 티무르 왕조의 울르그 베그가 세웠다. 지름 48m 3층 높이의 원형 천문대로 육분의(두 물체 간 각거리를 측정하는 도구), 상한의(90도의 눈금이 새겨져 있는, 부채 모양의 천체 고도 측정기), 해시계(천구상 태양의 위치를 이용하여 시간을 알 수 있도록 만든 시계) 등이 갖춰진, 세계에서 가장 멋진 천문대 중의 하나다.

울르그 베그는 이곳에서 관측한 자료를 바탕으로 1437년 992개 별의 위치를 밝힌 지디이 술타니(Zij-i Sultani)라는 당대 최고의 천문도를

현재 남아있는
육분의 지하

빛이 들어오는 각도에 따라서
시간을 측정

발간했고, 프톨레마이오스 이래 12세기 동안 바뀌지 않았던 천문 상식
을 수정했다.

1년이 365일 6시간 10분 8초라고 계산해 냈는데, 오늘날의 관측 결

과와 1분이 채 안 되는 오차를 보이는 높은 과학 기술을 선보였다.

Yilning davomiyligi Duration of a year				
Olimlar Autor	Kun Day	Soat Hours	Minut Minutes	Sekund Seconds
Hindlar (Indians)	365	6	12	30
Xoldeylar (Holdeys)	365	6	11	00
Aristarh (Aristarh)	365	6	10	49
Ulug'bek (Ulugh Beg)	365	6	10	08
Aslida (Present)	365	6	9	06

울르그 베그가 측정한 1년의 길이가 현재의 1년의 길이와 가장 근사값이라는 것을 보여주고 있다. 맨 아래가 현재 값

Sayyoralarning yillik harakati Annual motion of the planets		
Mirzo Ulug'bekning hisob-kitobi bo'yicha Ulugh Beg's estimation		Zamonaviy hisob-kitoblar bo'yicha Modern estimations
Zuhal (Saturn)	12° 13' 39"	12° 13' 36"
Mushtariy (Jupiter)	30° 20' 34"	30° 20' 31"
Mirrix (Mars)	191° 17' 15"	191° 17' 10"
Zuhro (Venus)	224° 17' 15"	224° 17' 30"
Atorud (Mercury)	53° 43' 13"	53° 43' 03"

울루그 베그가 측정한 각 행성들의 공전주기가 실제와 가까운 근삿값임을 보여주고 있다

울르그 베그가 죽은 뒤 내란으로 천문대는 파괴되었고, 현재 남아 있는 것은 1908년 구(舊) 소련의 고고학자에 의해 발견된 육분의(Sextant)를 지탱했던 지하 부분과 천문대의 기초뿐이다. 언덕의 정상에 육분의의 흔적과 작은 박물관이 있는데, 이 박물관에 전시된 관측기구 모형과 그림으로 당시를 추측해 볼 수 있다.

우리나라도 조선 시대인 1421년에 세종의 명에 의해 왕립천문대 건설을 하려고, 장영실이 천문관 관리들과 함께 3인이 중국에 파견된 사실의 기록이 있다. 그래서 우리는 으레 장영실이 중국의 천문 기술을 도입한 것으로 알고 있으나 사실은 당시 울루그 베그가 이룩한 천문 기술을 배워온 것이다.

울르그 베그는 수학자·천문학자·역사학자로서 당대에 뛰어난 천재 학자이자 왕이었다. 그러나 울루그 베그는 정치적으로는 유능하지 못

하여 2년 6개월의 짧은 재임 기간 중 그의 아들 압달 라티프(Abdal-Latif)의 반란으로 체포되는 참변을 겪게 된다. 가까스로 풀려난 후 그는 메카로 가는 순례길에서 자객에 의해 참수되었다. 구리 아미르 영묘를 개봉한 소련 과학자에 의하여 그의 머리와 몸통뼈가 분리되어 있음을 보고 역사적 기록이 사실임이 확인되기도 하였다.

티무르 왕조 계보

(1) 아미르 티무르(Amir Temur), 1336~1405, 재위 1370~1405. 2.
(2) 샤 루크(Shah Rukh), 1377~1447, 재위 1405~1447. 3.
(3) 울르그 베그(Ulug Beg), 1394~1449, 재위 1447. 3.~1449. 10.
(4) 압달 라티프(Abdal-Latif), 1428~1450, 재위 1449. 10.~1450. 5.

천문대의 울루그 베그 동상
Mirzo(=Mirza)는 티무르 왕조의 명칭으로 사용되었다고 한다.

아프로시압 박물관(Afrasiab Museum)

기원전 4세기 옛 사마르칸트 사람들의 삶의 터전이었던 아프로시압 주거지는 13세기 칭기즈 칸이 이끄는 몽골인에 의해 파괴되었다. 구소련 체제 당시인 1965년 사마르칸트의 한 언덕에서 우연히 발견된 유물을 계기로 많은 유물이 출토되자 조사를 통하여 이 지역이 옛 사마르칸트 사람의 중심지였던 아프로시압인 것을 알게 되었다. 1970년 아르메니아 건축가 Bagdasar Arzumanyan이 설계하고 고대 도시인 아프로시압의 언덕에 아프로시압 박물관을 세웠다.

박물관 정문

박물관 전시실에는 과거 궁전 중앙에 그려져 있었던 벽화를 그 위치 그대로 복원해 보여주고 있었다.

전시실 입구에 들어서면 서쪽 벽이 마주 보이는데 각국의 사절들이 바르후만 왕을 알현하는 그림 속에서 고구려 사절 두 사람의 모습을 확

7세기 중엽의 벽화 중 칼을 찬 고려인

복원한 그림 맨 오른쪽 2명이 고려인

인할 수 있다. 5,000km나 떨어진 사마르칸트까지 사절을 보냈던 이유
가 무엇이었을까?

7세기 중엽의 이 벽화에는 고구려인이 새겨져 있어 우리나라 관광객
들에겐 필수 관광 코스가 되고 있다. 그렇지만 오랜 세월의 무게에 훼손
되고 희미해져서 무슨 내용인지 알아보기 힘들다.

벽화 전시실 옆에 동북아역사재단에서 제공하는 동영상을 틀어주는
극장이 있는데 벽화와 관련된 내용을 설명하므로 이해하는 데 도움이
된다.

벽화 전시실 옆 전시실에는 아프로시압 언덕의 모습을 재현해놓은
공간과 당시 생활상을 볼 수 있는 발굴된 유물들을 전시해 놓았다.

하즈랏 히즈르 모스크(Hazrat Khizr Mosque)

하즈랏 히즈르 모스크는 이슬람 성인의 이름을 딴 사원인데 우즈베키스탄의 많은 유적 이름이 그렇듯이 다양한 영문 또는 우즈베키스탄 발음으로 표기가 된다. 지도에 표시된 것처럼 레기스탄 광장과 비비하눔 모스크에 가까이 있어 주변의 경치를 보며 걷고 싶었으나 날씨가 너무 더워서 우리는 택시를 타고 왔다.

이슬람 세력이 사마르칸트로 확장될 무렵인 8세기에 세워졌으며, 사마르칸트에 세워진 첫 모스크이자 이곳에서 가장 오래된 이슬람 건축물이라고 한다. 13세기 칭기즈 칸의 몽골군에게 정복되면서 파괴된 역사가 있고 이후 몇 차례에 걸쳐 재건하여 지금의 모습이 되었으며 멋스러움에 반할 정도이다.

사마르칸트의 다른 유적에 비하면 덜 알려진 곳이지만 건물이 상당히 아름답고 많은 인파가 몰리는 곳이다. 우즈베키스탄이 소련으로부터 독립하고 처음 뽑은 대통령 이슬람 카리모프(Islam Karimov)의 묘소가 마련된 곳이어서 출입구에서 경찰이 소지품 검사를 한다. 이슬람 카리모프를 일부는 독재자라고 하지만 그를 존경하는 사람도 있다. 묘소를 방문하는 현지인들이 상당히 많다.

계단을 따라 올라가면 벽을 따라 앉을 의자가 있어 거기에 앉아서 여기에 온 사람들과 함께 기도를 했다.

하즈랏 히즈르 모스크를 방문한 뒤 사마르칸트 시내를 한번 바라보면 비비하눔과 레기스탄 광장까지 한눈에 다 들어온다. 하늘이 내린 전망 포인트다.

샤히진다(Shah-i-Zinda)

샤히진다는 페르시아어로 '살아있는 왕'을 말한다. 옛날 페르시아에서는 왕을 '샤(Shah)'라고 불렀다. 이름과는 다르게 '샤히진다'는 이곳

을 지배한 사람들이 잠들어 있는 왕릉 같은 곳인데, 우즈베키스탄에는 뛰어난 인물 가까이 조상의 묘를 쓰면 후손에게 복이 온다는 풍습이 있어서 주변에 광범위한 공동묘지가 함께 조성되어 있다. 우리나라 풍수지리가 이곳에서 온 것은 아닐까 생각해본다.

이곳은 이슬람 예언자 무함마드의 사촌인 쿠삼 이반 압바스(Kusam ibn Abbas)와 티무르의 일족, 울르그 베그의 은사, 자녀 등의 유해가 안치되어 있다. 샤히진다에는 전해오는 전설이 있는데 7세기 쿠삼 이반 압바스는 이슬람을 전파하기 위해 조로아스터교가 퍼져있는 사마르칸트에 왔다가 참수를 당하지만 죽지 않고 잘려진 머리를 들고 깊은 우물(낙원의 정원)에 들어가 지금도 생존하고 있다고 한다. 그래서 '살아있는 왕'의 의미를 지닌 말인 '샤히진다'가 이곳의 명칭이 되었다고 한다.

'샤히진다'는 아름다운 아라베스크 장식이 영묘들을 화려하게 장식하고 있어 이슬람 건축을 좋아하는 사람이면 꼭 들러야 할 필수 코스이다. 이곳은 성스러운 공간으로 여기는 곳이라 반바지나 민소매로는 출입이 안 된다. 이 나라의 일반인들이 무덤으로 많이 쓴 하즈랏 히즈르 모스크

정문에서 연결된 샤히진다 뒤편 공동묘지로 들어가 보니, 많은 사람들이 후세를 위하여 이곳에 묘를 쓰려고 노력한 흔적이 역력하다. 과거에서 지금에 이르기까지 여러 유명인들과 귀족들의 무덤이 즐비하다. 아름다운 건축물에 묘를 쓴 이슬람의 성인들을 만날 수 있는 장소다.

엘 메로시(El Merosi) 공연

여행의 여독도 달랠 겸 고대 사마르칸트의 문화 공연을 '엘 메로시'

극장에서 한다고 해서 찾아갔다. 오후 6시가 첫 타임이었고 두 시간 단위로 공연을 하는 듯했다. 나는 2회 관람을 했는데 한번은 13$, 한번은 15$을 지불했다. 가격이 정해져 있지 않아서 매번 다른 관람료를 냈다. 맨 앞자리를 요구했는데 여러 번 빈자리가 없다고 하더니 결국에는 맨 앞자리를 내어주었다. 구경하러 온 사람들 중에 서양인들이 제법 보인다. 안에 들어서자 한국 여성 두 분이 자유여행을 오셨다고 해서 인사를 나누었다.

사마르칸트의 고대부터 현재까지 주민들의 삶, 삶의 방식, 관습 및 전통을 알 수 있는 프로그램이다. 배우들은 다양한 역사적 시대의 의상을 입고 나와서 공연을 하는데 의아한 것은 공연 중간에 한국의 태극 부채춤이 있다는 것이다. 태극 부채춤 공연을 보면서 절로 미소가 지어졌다.

공연은 총 5부로 나누어지는데
1부는 기원전 백만 년 스키티안(Scythian) 시대 기병과 전사를
2부는 기원전 8세기의 아차메니드(Achaemenids) 시대 궁전을 모티브로
3부는 기원전 6세기 아나힛(Anahit)시대 아프로시압(Afrosiab)을
4부는 4~6세기 소그드(Sogd) 시대 아프로시압(Afrosiab)을
5부는 티무르(Timurides) 시대의 의상을 입고 공연을 한다.
공연 전과 공연 후에 배우들과 기념 촬영을 할 수 있는데 재미가 쏠쏠하다.

다르 카브카자(Дары Кавказа(Dary Kavkaza))

여기에서 식당은 찾아가기가 쉽지 않기 때문에 택시를 이용하면 좋다. 구글맵에서 좌표 '39°38'47.7"N 66°57'22.4"E'를 검색해서 가면 찾을 수 있다. '다르'는 재능이라는 뜻이고 '카브카자'는 카프카스 우리 발음으로 코카서스를 뜻한다. 우즈베키스탄과 카자흐스탄 식당에 가서 음

식이 맛있다고 칭찬하면 요리사가 코카서스 출신이라는 말을 자랑 삼아 했는데, 코카서스 지역이 샤슐릭(Shashlik)이 유명한가 보다. 이 집을 소개하는 이유는 이슬람 국가에서는 돼지고기 먹기가 쉽지 않은데 여기는 돼지고기 샤슐릭을 팔기 때문이다. 계속되는 여행에 양고기 소고기만 먹다가 돼지고기 샤슐릭을

먹고 싶어서 택시 기사에게 부탁해서 간 곳이다. 돼지고기를 잘 먹지 않는 지역이라서 기대 반 걱정 반으로 시켰는데, 우리나라의 숯불 돼지 갈비를 먹는 듯해서 정말 맛이 좋았다. 오랜만에 돼지고기를 먹으니 기분이 좋아서 포도주도 한 병 주문해서 같이 먹었다. 누구든 여행하다가 돼지고기가 그리워 질 때, 한번 찾아가면 좋은 추억이 될 것이다.

이 식당에서는 어떻게 돼지고기를 판매하느냐고 물으니 사장님이 러시아 사람이며 이슬람과는 무관하다고 하였다.

플라탄(Platan)

사마르칸트에서 사마르칸트 레스토랑을 갔었는데, 대부분 노래를 부르고 음악은 너무 시끄러웠다. 얘기를 나눌 수 있고 조용히 쉴 수 있는 장소를 찾다가 발견한 맛집이다. 구글 평점이 좋아서 찾아간 곳인데 호텔업을 겸하고 있는 곳이었다. 야외 테이블이 가득 차서 내실로 들어갔

더니 인테리어가 좋았고 직원들이 친절했다.

식당을 찾는 손님에 비해 직원이 부족한지 주문한 음식이 나오는 데에 1시간 정도 걸렸다. 티본스테이크는 좀 질긴 느낌이었지만 버섯 크림이 곁들여진 안심 스테이크는 맛있었다.

모네 베이커리(Mone Bakery)

여행의 피로를 달랠 겸 커피를 한 잔 하려고 가던 중, 겉모양도 그럴싸하고 밖으로 비치는 실내의 모습이 시선을 끄는 곳이 있었다. 모네(Mone)였다. 들어가 보니 화가 모네의 그림들이 사방 벽면에 가득했고 천장과 벽의 인테리어도 괜찮은 편이었다.

가격은 한국보다는 조금 저렴하나 우즈벡 물가에 비해 많이 비쌌다.

보통의 우즈벡 사람들과는 다르게 세련된 옷차림으로 브런치를 즐기는 사람들이 많다. 커피와 베이커리 종류가 맛이 좋으니 피로에 지친 여행객은 한번쯤 들러서 휴식을 취해도 좋을 듯 하다.

카페 마르전(Кафе Маржон(Kafe marjan)

이곳은 현지인들이 많이 이용하는 삼사(만두) 맛집인데 가게 이름으로는 구글맵에서 검색이 되지 않는다. 구글맵에서 'Navoi Avenue'를 찾아가면 'Billur restaurant'이 보이는데 그 가게 지하에 위치해 있다.

음식은 삼사와 오쉬(플로브), 여러 가지 샤슬릭을 판매하는데 우리 입맛에 거부감이 전혀 없다.

금방 구운 삼사와 플로브 그리고 여러 가지 종류의 샤슐릭을 맛보기 좋은 곳이다. 사마르칸트에서 맛있는 현지 음식 그대로를 맛보고 싶을 때 찾아가서 실컷 먹어보자.

자파 식당(Zafar Restaurant)

사마르칸트 레스토랑은 내부가 너무 소란스러워서 사람들의 말소리가 잘 안 들리는데 자파 레스토랑은 외부가 너무 소란스러워서 사람들의 말소리가 들리지 않는다. 흥이 많은 민족인지 식당에서 밥을 먹다가 음악에 흥겨운 춤도 추면서 밥을 먹고 시간을 즐긴다. 조용한 식당보다 식사할 때 흥에 겨운 현지의 분위기를 느껴볼 수 있는 식당을 원한다면 사마르칸트 레스토랑이나 자파 레스토랑을 권한다.

실전 여행 노트

타슈켄트에서 사마르칸트를 갈 때는 기차를 이용하고 사마르칸트에
도착해서는 택시를 타고 숙소로 가는 게 좋다.

1. 사마르칸트 기차역에 출발시간 30분 전에 도착하여
   보안 검사를 받기 – 여권, 캐리어
2. 사마르칸트에 도착하여 택시를 흥정하여 숙소 가기
   3명 이상 타고 숙소까지 5$ 정도로 흥정
3. 숙소에 도착하여 주변 파악 – 식당, 관광지 출입구 등
4. 일정에 맞게 택시 예약하기
   한국말을 하는 가이드를 고용하면 좋음

꿀팁 정리

1. 사마르칸트 기차역에서는 기차역에서 일하는 짐꾼의 도움을 받자.
2. 사마르칸트에서 다른 도시로 이동 시 기차를 이용하려면 사마르칸
   트에 도착 즉시 기차표를 예매하자.
3. 사마르칸트 여행은 가까운 곳은 도보로 다니고 거리가 있는 곳은
   택시를 이용해서 1~2일 투어를 하면 좋다.
4. 엘 메로시 공연을 볼 때 이틀 정도 일찍 예약을 하며 맨 앞자리를 배
   정받자.

중앙아시아 III

BUKHARA
부하라

부하라는 유적을 옛 건물로 두고 그대로 보존만 하는 게 아니라
유적 안에서 공연을 하고, 물건을 파는 시장이 되며,
전통 기술로 공방도 운영하면서,
관광객들이 식사도 할 수 있는 식당을 운영하여
여행객과 유적이 하나가 되어 여행하는
매력적인 도시이다.

Ⅲ. 지붕없는 박물관 부하라(Bukhara)

우리는 사마르칸트 여행을 하고 실크로드의 오아시스 부하라로 간다. 여러 교통수단이 있지만 기차를 추천한다. 기차는 사마르칸트 기차역에서 예매를 하든지 인터넷으로 예약을 하면 된다. 캐리어를 끌고 있다면 기차역 로비에서 기차 플랫폼으로 가기 위해서는 엘리베이터가 없는 지하를 내려갔다가 다시 올라와야 하므로, 기차역에 대기하는 짐꾼에게 10,000숨을 주고 맡기는 게 좋다. 여름엔 섭씨 40도를 웃도는 기온이라 그 기후에 잘 적응한 현지인들의 도움을 받아서 여행을 힘들지 않게 해야 한다.

길은 사막길이라서 하얀 모래색이 펼쳐진다. 한 회원이 '하얀 모래를 자꾸 보니 백내장 걸리겠다.'는 말을 해서 모두가 웃었다. 부하라에 도

왼쪽으로 돌아나가면 엄청나게 많은 택시 기사들이 손님을 태우려고 기다리고 있다.

캐리어 3개가 트렁크에 다 들어가지 않아서 트렁크를 닫지 않은 채로 호텔로 간다.

1. 말리카 부하라 호텔(숙소) 2. 라비 하우즈 3. 아물렛 호텔 4. 아물렛 식당 5. 아르크 성 6. 칼란 모스크 7. 시장 길 8. 새벽재래시장
2~16번 도보 / 17~19번 차량 이용(90, 95, 99쪽 지도 참조)

착하여 역 밖으로 걸어서 나가다가 깜짝 놀라서 다시 돌아왔다. 앞에 입구를 꽉 메운 택시 기사들이 엄청나게 몰려있었다. 여기는 순서대로 차를 타지 않고 손님을 먼저 본 사람이 임자라 기사들 간의 경쟁이 치열하다.

입구를 나가면 모두 자기 차를 타라고 달려들 기센데 택시 기사들에게 둘러싸이다 보면 뜻밖에 이산가족이 될 수도 있다. 모두들 나오지 말고 있으라고 하고 남자 두 명이 나가서 운전기사 몇 명을 불렀다. 호텔까지 가격을 흥정하고 사람들을 불러내서 택시 4대에 3명씩 나누어 탔다. 예약한 호텔 말리카 부하라(Hotel Malika Bukhara)까지는 택시 요금으로 8만 숨 정도가 적당하다.

부하라 추천 호텔

호텔 말리카 부하라(Hotel Malika Bukhara, 지도 1번)

숙소가 아주 청결하고 편의시설이 잘 구비되어 있어 만족도가 높았다. 숙소 위치가 라비 하우스(Lyabi Havuz)에서 50m 떨어져 있고, 올드 시티(Old City) 중심에 위치해 있고 관광객들이 많이 찾는 기념품 가게들이 즐비한 시장이 바로 옆에 있어 최상의 위치이다. 조식은 현지 및 유럽식 요리로 제공되는데 회원들의 만족도가 꽤 높았다. 또한 와이파이(WiFi) 사용이 가능하다. 러시아식 및 터키식 사우나를 갖추고 있고, 피트니스 센터도 있어 여유가 있는 여행객에겐 안성맞춤이다. 칼란 미나렛과 아르크 성이 호텔에서 200m 거리에 있어 모든 이동이 용이하다. 또한 택시 승차장과 시내버스 정류소가 바로 옆이어서 다른 곳을 이동할 때 편하게 이용할 수 있다.

아물렛 호텔(Amulet Hotel, 지도 3번)

호텔 말리카 부하라와 600m 정도 떨어져 있으며, 라비 하우스(Lyabi Khauz) 광장에서 300m쯤 떨어져 있다. 호텔 자체가 유적지 같으며 객실마다 우즈베키스탄 스타일이 특색이 있게 구성되어 있으며 고풍스럽다. 객실마다 TV, 냉장고 및 욕실이 갖추어져 있다. 전통적인 나무 가구로 꾸며진 가정집 분위기의 카페에서 매일 아침 조식을 즐겨보는 재미도 쏠쏠하다. 특별한 호텔을 원한다면 적극 추천하는 곳이다. 특히 가족이나 연인들이 묵으면 아주 좋을 듯하다. 일하는 여자 사장이 아주 친절했다. 회원님 한 분께서 숙소에 물건을 두고 타슈켄트에 왔는데, 전화를 걸어 잃어버린 물건을 택배로 보내달라고 부탁했는데 다음날 받을 수 있었다.

미르 이 아랍 마드라사 · 칼론 미나렛 · 칼론 모스크

칼론 광장

칼론 미나렛(Kalon Minaret), 칼론 모스크(Kalon Mosque), 미르 이 아랍 마드라사(Mir-i-Arab Madrasa, 지도 6번)

칼리안 광장(Po-i-Kalyan) 혹은 칼란 광장(Po-i-Kalan) 이라고도 부르며 우즈베크어로 칼론 광장(Po-i-Kolon)이다. 이 광장에 칼론 미나렛, 칼론 모스크, 미르 이 아랍 마드라사가 함께 있다.

칼론 미나렛은 1127년에 완공되었으며 높이 45.6m, 바닥 지름 9m, 꼭대기 지름 6m로 구운 벽돌을 위쪽으로 갈수록 좁아지는 원통형 모양으로 쌓아 올렸고, 탑신을 14개 층으로 나누고 벽돌 쌓는 방식을 다르게 하여 각기 다른 문양을 구현해냈다. 꼭대기에 있는 16개의 아치형 창문에 밤에는 등불을 켜, 이슬람의 아잔을 알리는 역할 외에 사막에서 방향을 알려주어 실크로드 상인들에게는 등대와 같은 역할을 하였

칼론 미나렛

고 전쟁 때는 적을 감시하는 망루로 사용되었다. 범죄자들을 이 탑 꼭대기에서 아래로 던져서 처형한 적도 있어서 '죽음의 탑'이라고도 부른다. 내부에는 맨 꼭대기까지 올라가는 나선형 계단이 있다.

칼론 미나렛은 칭기즈 칸과의 일화가 있는데, 칭기즈 칸이 부하라를 점령하면서 수많은 사원을 파괴하였다. 칭기즈 칸이 수장들과 함께 칼론 광장으로 와서 칼론 미나렛을 올려다보게 되었다. 미나렛이 워낙 높아서 올려다보던 칭기즈 칸의 모자가 땅바닥에 떨어졌다. 칭기즈 칸은 허리를 굽혀서 땅바닥에 떨어진 모자를 주었는데, 그 모습이 칸이 허리를 굽혀서 미나렛에 절을 하는 것처럼 보였다. 이것을 바라본 칭기즈 칸

의 부하들이 칸의 허리를 굽히게 한 미나렛을 부셔야 한다고 주장했는
데, 칭기즈 칸이 이 미나렛은 부수지 말고 그대로 두라고 하였다고 한
다. 그도 칼론 미나렛의 아름다움에 반한 건 아닐까?

칼론 미나렛을 정면으로 두고 왼쪽으로는 미르 이 아랍 마드라사
(Mir-i-Arab Madrasa)가 있는데, 마드라사 또한 위대한 건축물로 여
름날 밤에는 젊은 연인들이 많이 찾는 장소이다.

오른쪽으로는 칼론 모스크(Kalon Mosque)가 자리 잡고 있는데, 원래
의 칼론 모스크는 칭기즈 칸이 점령할 때 파괴해서 16세기 새로 건축한
모스크로 1만 명을 수용할 수 있다.

우즈베키스탄의 문화를 존중하자는 취지에서, 저녁 예배 시간에 우즈베키스탄 사람들과 예배에 같이 참여해 보았다. 낮과 밤, 두 번을 와 보고 걸어가려니 힘이 들었다. 숙소로 타고 갈 만한 것이 없나 찾아보니 어린 학생들이 모는 태국의 툭툭이 같은 게 있었다. '학생 우리 숙소까지 좀 태워줘' 하니까 2만 숨을 달랜다. 애들이 장사를 오래 해 본 솜씨 같다. '안 돼, 너무 비싸. 1만 숨 줄게' 목적지에 가서 1만 숨 주니 2만 숨을 달랜다. 다음에 오는 여행자들에게는 더 비싸게 받을 듯하여, 가까운 거리라 1만 숨을 주겠다고 설득하고 1만 숨을 줬다.

부하라 올드 시티 바자르(Bazaar, 지도 9~12번)

부하라 올드 시티 바자르는 4개 정도가 형성이 되어 있다. 기념품을 사기에는 안성맞춤인 곳이다. 둘러보고 취향에 맞는 곳에서 기념품을 사면 오랫동안 추억이 될 것이다. 토키 텔팍 푸루숀(Toqi Telpak Furushon), 토키 자르가론(Toqi Zargaron), 토키 사라폰(Toqi Sarrafon), 팀 압둘라 칸 트레딩 돔(Tim Abdulla Khan Trading Dome)이 실크로드를 지나던 상인들이 무역을 하던 장소인데 각 시장마다 주력으로 취급하는 물품이 따로 있었으나 요즘은 혼용해서 팔고 있다. 각 시장 길거리에도 작은 상점들이 생겨서 여러 가지를 많이 판매하고 있으니, 한번 가서 구경해보면 여행하는 재미가 쏠쏠하다. 시장 위치는 아래 지도를 참고한다.

1, 숙소, 9. Toqi Telpak Furushon, 10, Tim Abdulla Khan Trading Dome, 11. Toqi Zargaron, 12. Toqi Sarrafon

토키는 둥근 돔이 여러 개 올라간 지붕을 가지고 있는 시장을 지칭하며 실크로드를 지나던 상인들이 무역을 하던 장소이다. 입구는 사방으로 여러 개가 있는데 옛 상인들이 낙타를 타고 지나다닐 수 있게 모두 크고 높게 만들어졌다.

시장을 둘러보면 카펫, 전통의상, 향신료, 기념품, 그림 등 판매하는 물건이 다양하다.

그중에서 요즘 많은 관광객에게 인기를 끄는 품목은 새 모양 가위다.

새 가위는 부하라 특산품이라서 우즈베키스탄 전역에서 여기 아니면 못 산다고 했다. 가격은 하나에 12$, 15$인데 황동 새 가위는 대략 25$이다.

한국에 돌아가면 선물해야 할 곳이 많았는데, 특색있는 새 모양 가위로 선물하자는 데 의견을 모았다. 아버지 때부터 아들과 함께 3대째 가업을 이어오는 가게로 혼자 들어가서 흥정을 했다.

'사장님 제가 새 가위 좀 사려는데요?'

'몇 개 살려고요?'

'많이 사면 깎아 주나요? 50개(fifty)'

아저씨가 놀라며 말한다. '50개? 15개(fifteen)가 아니고요?'

'그래요. 피프틴이 아니고 피프티입니다.'

그렇게 흥정을 해서 회원님들과 함께 한국으로 돌아가면 선물로 줄 기념품으로 가위를 샀는데 저렴한 가격이라고 너도나도 사다보니 거의 200개 가까이 구매했다. 아마도 200개로 흥정을 했으면 더 저렴한 가격에 구매가 가능했으리라 생각한다.

호텔로 돌아오니 회원 중 한 명이 문을 똑똑 두드린다.

'아까 그 새 가위 산 가게에 돈 봉투 두고 왔어요.'

'얼마 들었죠?'

'대략 1천 불요.'

입력해 둔 택시 기사에게 전화해서 '호텔 앞으로 빨리 와요'(이때는 아물렛 호텔에 투숙하고 있었고 걸어가면 10분이 걸려서 빨리 가려고 택시를 불렀다.)

택시를 타고 허겁지겁 가게에 들어서는 순간

'돈 봉투 두고 갔더라!' 하면서 서랍 속에 들어있는 돈 봉투를 꺼내어 준다. 얼마나 고맙던지! 자신들은 무슬림이고, 무슬림들은 정직하다는 이야기를 하면서 '문 닫을 때까지 찾으러 안 오면 퇴근길에 호텔에 들러서 주려고 했다.'고 이야기를 한다. 우리는 주인의 그 말에 깊이 감사하면서 이 가게를 착한 가게로 인정하기로 했다. 그 친절함에 사장님과 함께한 가게 앞 사진을 공개한다.

아르크 성(Ark Citadel, 지도 5번)

아르크는 '크다'라는 뜻으로 부하라의 왕들이 거주했던 아르크 고성이다. 7세기에 처음으로 축성되어 몽골, 투르크족의 잦은 침략으로 파괴와 재건의 역사를 반복하였으며 망기트 왕조(Manghit Dynasty

1747~1920) 시대에 지금의 모습을 갖추게 되었다고 한다.

　정문의 양쪽 미나렛과 그 사이에 있는 흰색 벽, 그 위에 있는 회랑이

독특한 구조이며, 흙벽돌로 쌓아진 아르크 성은 둘레가 780m에 이르고

높이는 20m이다. 1920년 소비에트 붉은 군대의 공중 폭격에 의해 많은

부분 훼손되었다가 1980년 일부는 복원이 되었고 지금까지도 복원되지

못한 부분이 있다고 한다.

내부로 들어가면 아름다운 건축물과 금박이 입혀진 코란, 대관식 홀, 보석을 보관했던 금고를 볼 수 있으며, 나머지 대부분은 박물관으로 사용되고 있다.

라비하우즈(Lyabi Khause, 지도 13번 영역)

라비하우즈에는 얽힌 사연이 있는데 '나지르 지반베기' 이야기다. '지르 지반베기'가 지금의 라비하우즈를 있게 한 사람이다.

지반베기는 1620년 경 부하라의 아미르(왕)이던 이맘 쿨리 칸 (Imam-Quli Khan)의 삼촌이었다. 그는 부하라에 연못을 파고 근방에 무슬림을 위한 시설을 짓고 싶었다. 장소를 물색하던 도중 좋은 위치를

1.숙소, 13.Lyabi Khause 14.Divan-Beghi Khanaka, 15.Divan-Begi Madrash, 16.Synagogue

발견하였는데, 이미 그곳에는 유대인 과부 하나가 살고 있었다. 과부는 지반베기가 좋은 값을 쳐준다고 해도 집을 팔지 않았다. 지반베기는 꾀를 내서 그 주변에 댐을 파고 수로를 과부의 집 근처로 돌렸다. 얼마 안 있어 과부의 집은 토대가 허물어지기 시작했다. 어쩔 수 없이 과부는 지반베기를 찾아가 거래를 했다. 집을 파는 대신 과부가 원한 것은 '시나고그(synagogue, 유대교 회당)를 지을 수 있게 허락해 달라는 것'이었다. 그리하여 과부는 시나고그를 지을 땅과 허가를 얻었고, 지반베기는 원하던 땅에 연못을 파고 호나코(khanaka, 이슬람 수피들이 모이는 곳으로 여행 중이거나 방랑하는 수피들을 위한 숙박시설)와 마드라사를 지을 수 있었다.

마드라사와 호나코 두 건물은 라비하우즈에서 같은 이름을 가지고 있다. 그 건물 이름이 지반베기 호나코와 지반베기 마드라사이다. 사람들은 지반베기가 만든 연못과 시설을 '라비(연못 옆, 물가)하우즈'라고 부르기 시작했다.

또한 과부가 얻어낸 권리로 유대인을 위한 예배당 시나고그가 부하라에 생겨났다. 비록 국가의 종교는 이슬람이었어도 타 종교에 대한 관용도 갖춘 개방적인 곳이었다는 점을 읽어낼 수 있었다.

[출처] 네이버 블로그 '음유시인 시아닉의 세상 방랑기'

나비하우즈 연못 주변으로 여러 식당들이 있는데, 여름 낮에는 햇볕이 너무 강해서 사람이 없었다. 밤에는 많은 사람들이 음식을 먹으며 음악을 즐기니 한 번쯤 경험해 보는 것을 추천한다.

올드 부하라 새벽 재래시장(지도 8번)

아침에 늦잠을 자다가 일어나니 일행들이 꿀을 사왔다. 동네 구경 나갔다가 사람들이 우르르 몰려가기에 따라갔더니 도착한 곳이 시장이었다고 한다. 시장에서 꿀을 사왔는데 먹어보니 꽃 향이 강하고 건조한 기후 탓인지 점도가 높았다. 호텔 조식을 먹으면서 빵을 찍어 먹어보니 정말 맛있었다. 회원이 다시 가보자고 해서 갔더니 우리나라 재래시장처럼 여러 가지를 팔고 있었는데 단연 인기는 꿀이었다. 깔때기를 사용해서 꿀을 담는데, 깔때기를 통과 못 할 정도로 점도가 높았다.

며칠 뒤 마카지 시장(Markaziy Bazaar)에 가서 꿀 담을 병을 몇 개 더 사서 다음날 다시 새벽 재래시장에 갔다. 일행들은 상인이 가져온 꿀을 모두 사버렸다. 꿀 가게 주인이 흐뭇해했던 표정이 눈에 선하다. 꿀을 고를 때는 꿀 냄새를 맡아 봐야 하는데, 꽃 향이 나야지 꽃에서 딴 꿀이다. 이곳은 지도상 표기로는 8번 지역이고, 지도를 참조하여 찾아가면 된다.

아물렛 레스토랑(Amulet Restaurant, 지도 4번)

아물렛 호텔에 숙박했을 때 식당을 추천해 달라 하니 아물렛 레스토랑을 추천해 주었다. 아물렛 호텔에서 도로를 건너면 바로 식당이라 '호텔에서 함께 운영하는 식당이라서 추천을 하는건가?'라는 생각을 하고 갔는데 예상 외로 식당은 분위기도 좋고 음식 맛도 탁월했다.

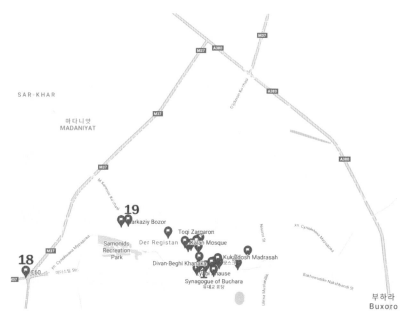

1.숙소, 17.시토라이 모히호사, 18. 우스터 루스탐 차이호나스(샤슬릭 맛집),
19. 마카지 시장(Markaziy Bazaar)

　　식당 입구의 넓은 야외 공간에는 식탁이 드문드문 놓여 있었고 손님
들이 편안하게 식사를 즐기고 있었다. 고풍스러운 유적지를 정원으로
꾸며 놓은 느낌이 들었고 모두 괜찮은 식당이라는 생각을 했다.

　　날이 더워서 에어컨이 있는 곳으로 안내를 부탁하여, 내실로 안내를
받았다. 인테리어가 '시토라이 모히호사'의 내부를 본떠서 만든 것이라
남다른 운치를 느낄 수 있었다. 또한 음식도 정갈하고 맛이 있어서 적극
적으로 추천하고 싶은 곳이다.

시토라이 모히호사(Sitorai Mohi Xosa, 지도 17번)

19세기 중반 Amir Nasr Allah (1826-1860)가 처음으로 이곳에 여름 궁전을 지었지만 보존되지 않았고, 다른 아미르가 이곳에 새로운 성을 지은 후, 그의 아내 Sitora의 이름을 따서 '시토라이 모히호사'라고 명명했다. 하지만 이 성도 다시 무너졌다. 현재 건물은 부하라의 마지막 아미르인 Alim Khan의 명령으로 1912~1918년에 지어졌다. 결국은 세 번째 궁전인 것이다. 하얀색 궁전에서 왠지 유럽풍의 양식을 느꼈는데, 러시아 건축가들과 현지 건축가들이 함께 지었기 때문이라고 한다.

이 궁전은 현재는 박물관으로 바뀌어 입장료를 내야 들어갈 수 있다. 부하라에서는 유적지에서 시장 상인들이 가게를 운영하고 있다. 입구에 들어서면 상인들이 옷가지 같은 것을 걸어 놓고 건축물을 상점으로 이용하고 있다. 상점으로 이용하는 곳을 지나 안뜰로 들어가면 왕의 접견실과 여러 개의 방이 있다. 방마다 화려하고 비싸 보이는 집기와 장식품들이 진열되어 있어서 당시 왕의 생활을 짐작할 수 있다.

왕이 기거했던 궁전의 뒤편에 하렘(후궁들의 처소)이 있다. 왕의 부름을 기다리며 카펫을 짜고 수를 놓던 후궁들의 삶의 애환이 느껴지는 곳이었다. 그래서 그런지 안쪽에 있는 상점들은 입구 상점보다 유난히 카펫이 더 많았다.

왕이 기거하던 궁전과 하렘 사이에는 조그만 연못이 있는데, 과거에는 이 연못에서 후궁들이 목욕하는 것을 보던 왕이 그날 밤을 함께 보낼 후궁에게 사과를 던져 주었다는 이야기가 있다.

하렘 쪽으로 가다 보면 상점들이 또 나오는데 그림을 파는 곳, 카펫을 파는 곳도 있다. 카펫을 파는 곳에서 커피도 판다고 한다. 날도 덥고 좀 쉬어 가려고 테이블에 앉아서 커피를 주문했는데 계산할 때 높은 가격을 요구해서 많이 놀랐다. 여행객들은 가격을 먼저 정하고 커피를 마시면 좋겠다.

마카지 시장(Markaziy Bazaar, 지도 19번)

모두 관광지가 아닌 시내 구경을 해보고 싶다고 해서 숙소 바로 앞의 버스 정류장에서 무작정 '8번 시내 버스'를 탔다. 시내를 계속 돌다가 어디 갈 만한 곳이 없을까 싶어서 버스 기사에게 '바자르 바자르'를 말하니 뉴시티(New City)에 위치해 있는 마카지 시장에 내려 주었다. 여기에는 아주 큰 주차장이 있으며 몇 개의 시장이 이웃하고 있다.

　　입구에서 이상한 풀을 팔고 있었는데, 피차 서로 말이 안 통할 것 같아서, "아주머니 이건 뭡니까?" 라고 한국말로 물어보니 냄새 맡아보라고 코밑에 갖다 댄다. 박하향 같은 익숙한 냄새였으나 결국 이름을 알수는 없었다.

　　시장 구경을 하는데 시장의 규모가 제법 크다. 가게에 어떤 물건을 파는지 보며 꿀 담을 병도 구입하고 시장을 둘러보는데, 어디선가 "안녕하세요? 한국인인가요?"라면서 말을 걸어온다.

"어 한국말을 하네?"하면서 돌아보니, "한국 사랑해요!"라고 하면서 낯선 자매가 우리를 엄청 반겼다. 어떻게 한국말을 할 줄 아는지 물어보니, 한국이 동경의 대상이라서 혼자서 한국어를 익혔다고 한다. 누나는 중학생, 동생은 초등학생이었다. 손에는 우리나라 국기가 그려진 부채를 들고 있었다. 더위를 식히라고 그 부채로 우리들을 돌아가며 부쳐준다. 한국을 많이 좋아한다니 고마워서 네임펜 한 세트를 선물로 주었는데 그 자리에서 '네임펜'이라고 또박또박 읽는다. 가게에 들어가니 여러 종류의 그릇을 팔고 있었다. 자매 아버지가 나와서 그릇 설명을 해주는데 아버지는 한국어를 할 줄 몰라 자매들이 설명을 곁들여 주었다. 여행의 즐거움이 배가 되는 만남이었다.

그렇게 시장 구경을 마치고 우린 숙소 근처로 돌아와서 토키에 있는 돌런(Dolon) 레스토랑에 식사를 하러 갔다. 일행 중에 한 명이 돌런 레스토랑이 좋다는 블로그 포스팅을 봤다고 했다. 유명세와는 달리 음식 맛은 기대에 미치지 못했다. 그러나 옥상에서 바라보는 부하라 올드 시티의 경치는 아주 좋았다.

샤슬릭 맛집(Usto Rustam Choyxonasi, 지도 18번)

예전에 어떤 책에서 어린 양갈비가 고기 최고의 맛이라는 이야기

를 본 적이 있었다. 여기는 어린 양갈비 맛을 보려고 일부러 찾아간 곳은 아니었다. 호텔 앞에서 택시를 타고 '시토라이 모히호사'를 갔다. 택시 기사에게 기다리라고 당부하고 시토라이 모히호사를 관람하고 나오니 배가 고팠다. 아저씨에게 근처에 먹을 만한 맛있는 식당에 데려다 달라고 했더니 이곳에 내려다 주었다. 이름이 '우스터 루스탐 차이호나스'다. 우스터는 사람 이름, 루스탐은 전문가, 차이호나스는 식당이다. 말 그대로 해석하면 '우스터가 운영하는 전문 식당'이 되는 셈이다.

들어가니 어린 양갈비를 숯불에 굽고 있길래 즉석에서 이 메뉴를 신청했다. 그 맛을 잊지 못해 일행 모두의 동의하에 나중에 한 번 더 찾아간 식당이다. 주인아저씨가 멀리 한국에서 귀한 손님이 왔다고 하면서 구운 양갈비를 손수 손질해 주었다. 가격도 저렴하고 현지식 샤슐릭 추천 맛집으로 소개하고 싶다.

부하라는 유적을 옛 건물로 그대로 보존만 하는 게 아니라 유적 안에서 공연도 하고, 물건을 파는 시장으로도 활용한다. 전통 기술을 재현하는 공방으로도 운영하고, 관광객들이 식사도 할 수 있다. 여행객을 유적의 공간으로 녹아들게 하여 여행의 몰입감을 자아내는 정말로 매력적인 도시이다.

우리는 부하라 여행을 마치고 우즈베키스탄 국내선 비행기를 타고 타슈켄트로 가서 정해진 일정(타슈켄트 편에서 소개)을 마쳤다. 이제는 국제선 비행기로 키르기스스탄 비슈케크로 간다. 부하라 공항은 부하라 숙소에서 택시로 30분 정도 소요되며 택시비는 6만 숨 정도로 협상하면 좋을 듯하다.

실전 여행 노트

부하라 기차역에 내리면 많은 택시 기사들이 한꺼번에 모여들어 당황하기 쉬운데 침착하게 대응해야 한다.

1. 부하라 역에서 숙소까지 택시 흥정하기

    먼 거리라서 8만 숨 정도 흥정

2. 숙소에 도착하면 책의 지도를 보면서 여행 계획을 세우기

3. 첫째 날은 도보로 여행하기 – 올드 부하라 중심으로

4. 둘째 날은 일정에 맞게 택시 예약하기 – 꼭 흥정하기

5. 부하라에서만 살 수 있는 물건(예: 새 가위) 쇼핑하기

꿀팁 정리

1. 부하라에서 새 가위는 흥정에 따라 가격 차이가 난다.

2. 부하라 새벽 재래시장에서 파는 꿀은 품질이 좋다.

3. 부하라 여행 시 먼 거리는 가급적 택시 이용을 추천한다.

    대중교통인 버스 노선이 부족하고 택시비가 저렴하기 때문이다.

4. 샤슬릭 맛집 메뉴로 어린 양갈비를 추천한다.

BISHKEK
비슈케크

키르기스스탄은 영토의 80% 이상이 산맥으로 둘러싸여 있으며
경치가 아름다워서 중앙아시아의 알프스로 불리며 많은 관광객들이 찾고 있다.
비슈케크는 1892년 러시아군이 점령해서 교역이 활발한 지방도시가 되었고,
그 후 1924년 철도가 부설되면서 급속히 발전하여
1926년 키르기스스탄 자치공화국이 건국되면서 수도가 되었다.

Ⅳ. 키르기스스탄 여행 출발지 비슈케크(Bishkek)

우리는 우즈베키스탄 일정을 마무리하고 우즈베키스탄의 수도 타슈켄트에서 우즈베키스탄 항공을 타고 키르기스스탄의 마나스 국제공항에 도착했다.

수도 비슈케크는 공항에서 차로 30분 정도 소요된다. 비슈케크는 키르기스스탄 북부에 위치하고 있고 국가의 경제, 문화 및 과학 중심지이며 인구는 100만 명 정도다. 비슈케크는 오래전에는 아주 작은 도시였으나 1892년 러시아군이 점령한 후, 교역이 활발한 지방 도시가 되었다. 그 후 1924년 철도가 부설되면서 급속히 발전하여 1926년 키르기스스탄 자치공화국이 건국되자 수도로 지정되었다. 우리가 도착해서 느낀 점은 비슈케크는 한 나라의 수도로서는 발전도 미흡하고 규모도 작았지만, 키르기스스탄의 예스러운 정취를 많이 간직하고 있었다.

키르기스스탄은 영토의 80% 이상이 산맥으로 둘러싸여 있고 경치가 아름다워 중앙아시아의 알프스로 불리며 많은 관광객들이 찾고 있다.

키르기스스탄을 여행할 때 주의할 점은 아직은 영어가 통하지 않는 곳이 많다는 점이다. 대부분의 운전기사도 영어가 통하지 않으며, 비슈케크를 벗어나면 숙소에서도 영어가 잘 통하지 않는다. 그래서 키르기스스탄 여행은 통역이 가능한 키르기스스탄 사람을 동반하는 것이 좋을 듯하다. 우리는 한국어를 할 줄 아는 키르기스스탄 사람(라드미르)을 고용했다. 여행 전문 가이드를 고용하면 쇼핑, 식당 등으로부터 자유롭지 못할 것 같아 여행 가이드가 아닌 통역사를 고용했다.

키르기스스탄은 카자흐스탄과 국경을 맞대고 있는데, 우리의 다음 여행지가 카자흐스탄이어서 차량을 렌트할 때 카자흐스탄에서도 영업이 가능한 면허가 있는 운전사를 고용했다. 그 면허는 기사가 국경을 넘어서 카자흐스탄에서도 운전이 가능하므로 국경 넘어서 새로 차량을 계약하지 않아도 된다. 고용한 미니버스 운전기사 역시 영어가 되지 않아서 통역사가 수고를 많이 해주었다. 카자흐스탄도 마찬가지로 오지에서는 영어로 소통이 거의 불가능하다.

비슈케크 추천 호텔

가든 호텔(Garden Hotel)

비슈케크에는 가든 호텔이 2개 있다. 우리는 메데로바 거리(Mederova Street)에 있는 가든 호텔에 투숙을 했다. 시내에서 가까워 어디를 가든지 이동이 용이하다. 시설이 아주 깨끗하고 조식이 일품인 호텔이며 가성비가 아주 좋다. 식당 바로 앞에 큰 마트(Frunze Super Market)가 있어 생활용품을 구매하기에 편리하고, 주변에 비슷한 크기의 호텔들이 많이 있다. 여기 사장이 2019년 여름에 Ulitsa Zhayyl Baatyra 거리에 Garden Hotel & SPA를 고급스럽게 하나 더 지었다. 비슈케크에서 호캉스를 즐기고 싶은 여행객은 Garden Hotel & SPA를 예약하고 가면 된다.

알라 투 광장 (Ala-too Square)

비슈케크 중심가에 위치한 이 광장은 1984년 키르기즈 소비에트 사회주의 공화국 60주년을 기념하기 위해 지어졌으며, 당시 레닌의 거대한 동상이 광장의 중심부에 세워져 있었다. 키르기스스탄이 1991년 구소련(USSR)으로부터 독립하기 전까지 광장은 레닌 광장으로 알려졌다. 2011년 말 키르기스스탄 독립 20주년을 기념하기 위해 마나스 동상으로 대체되었다.

참나무 공원 (Oak Park)

공원의 첫 번째 참나무는 19세기 말 러시아 식물학자 Alexei Fetisov가 심었고, 공원이 만들어진 지는 120년이 넘었다고 한다. 수백 년 된 나무와 잘 가꾸어진 정원이 평화롭고 고요한 분위기를 자아낸다. 여름

에는 나무들이 공원에 쾌적한 그늘을 만
들어줘서 더위를 막아주고, 가을에는 형
형색색의 단풍을 감상하기 위해 많은 사
람들이 공원을 찾는다. 자연의 아름다움
이 조각품, 분수대, 전망대와 같은 건축물
과 어우러져 조화를 이룬다. 참나무 공원
은 비슈케크 사람들과 여행객이 가장 좋
아하는 휴식 장소이다.

압딜라스 말디바예프 국립 오페라 발레 극장
(Abdylas Maldybaev National Opera and Ballet Theater)

이 극장은 키르기스 작곡가이자 배우 그리고 오페라 테너 가수인 압

딜라스 말디바예프의 이름을 딴 극장이다. 압딜라스는 오페라 작곡으로 여전히 유명하며 키르기스스탄 음악을 대중화하는데 많은 기여를 했다고 한다. 키르기스스탄의 1솜 지폐에는 압딜라스 사진이 있다. 하지만 일상과 공식 발표에서는 'A.Maldybaev' 또는 'Opera and Ballet Theatre'란 이름이 사용된다. 불리는 이름만 해도 6가지나 된다.

비슈케크 시내 중심에 있으며 이름에서 알 수 있듯이 주로 오페라나 발레 공연을 한다. 가끔씩 클래식 콘서트와 기타 음악 및 예술 행사를 하는데 가격이 매우 저렴하여 공연을 좋아하는 여행객은 한 번쯤 관람하면 좋다.

역사박물관(The National History Museum)
8,000㎡가 넘는 면적에 키르기스스탄 사람들의 과거 문화와 전통을 알아볼 수 있는 고고학 유물, 역사적 사진이 있고, 중세 여성용 보석 컬렉션은 특히 볼 만하다.

얼킨딕 갤러리
(Erkindik Gallery)

예술가와 장인들이 판매용 작품을 길을 따라서 전시해 놓고 사람들이 구경도 하고 사가기도 한다. 전시된 여러 화가들의 미술품을 구경하다가 보면 금방 마음에 드는 그림들이 눈에 띈다. 저렴한 가격에 하나 사서 집을 꾸미던지 지인에게 선물을 해도 좋을 듯하다. 이 거리 이름이 얼킨딕이라서 Erkindik Gallery라 불린다.

프룬제(Frunze Supermarket)

비슈케크에서 현지 물건을 사고 싶으면 프룬제(Фрунзе) 슈퍼마켓을

이용하면 된다. 숙소 바로 앞에도 있고 비슈케크 여러 군데에 지점이 있으며 상품이 다양하다. 우리가 간 곳은 고키 거리(Gorky Street)에 있는 프룬제에 갔는데 거기에는 환전소도 같이 있어서 편리했다. 우리는 프룬제에서 선물로 꿀을 많이 샀다.

중앙아시아는 건조한 기후로 인해 꿀의 점도가 높은 꿀로 유명한데, 그중에서도 런던 꿀 대회에서 금메달을 수상한 바 있는 꿀이 키르기스스탄의 하얀 꿀이다.

Sainfoin Honey로도 알려진 이 꿀은 깨끗한 고산 초원에서 여름에 피는 Sainfoin 꽃으로 만들어지며 좋은 꿀이라 한다. 특히 하얀 꿀을 채집하는 꿀벌은 강인한 생명력으로 해발 2,700미터 이상의 환경에서도 생존할 수 있다고 한다. Sainfoin 꿀은 매우 미세한 결정이 있는 결정화된 흰색 크림 형태로 명성도 있고 맛도 좋으며 강렬한 꽃향기가 매력적이다. 한국에서는 채취할 수 없는 흰 꿀을 가족이나 지인에게 선물하면 좋은 기념품이 될 것이다. 저자도 Sainfoin 꿀을 사 왔는데 흰 꿀을 아껴 먹는다고 두었더니 2년이 지난 지금 흰 꿀은 노란색으로 변하였다. 슈퍼마켓에서 사는 꿀은 가격도 정찰제라서 시장보다 비싸지만 꿀이 많이 나는 나라여서 한국보다 가격이 많이 저렴하다.

바비큐 맛집

중앙아시아에는 고기 종류의 요리가 많았다. 비슈케크 넘버원 바비큐(Шашлычная №1 Бишкек, Barbecue No. 1 Bishkek)라는 이름으로 불리는 이 집은 분위기가 좋고, 음식이 정갈하며 메뉴가 다채롭고 맛있었다. 체인점이라서 어느 식당을 가든지 동일한 메뉴로 양고기, 닭고기, 소고기, 버섯, 야채 같은 메뉴가 있다. 샤슬릭, 샐러드, 팬케이크 종류의 카차푸리 등 좋아하는 음식으로 기호에 맞게 주문하면 된다.

실전 여행 노트

우즈베키스탄 타슈켄트 국제공항에서 키르기스스탄 마나스 국제공항까지
비행시간이 70분 정도 소요된다.

1. 마나스 공항에서 비슈케크까지 택시 흥정하기
    – 택시로 30분 정도 소요됨
2. 숙소에 도착하면 여행 할 차량을 예약하기- 카자흐스탄까지 여행할 계
    획이면 카자흐스탄 운전이 가능한 운전기사 고용
3. 비슈케크 시내 구경 가기 – 알라투 광장 중심으로
4. 푸룬제 쇼핑하기
5. 바비큐 맛집 가서 맛있는 식사 즐기기

꿀팁 정리

1. 키르기스스탄은 영어가 통하지 않는 지역이 많아서 가급적 통역이 가
    능한 사람을 고용하는 것을 추천한다.
2. 차량을 예약할 때 인터넷에 나와 있는 업체들의 경우, 가격이 조금
    비싸므로 가급적 현지에서 흥정을 통해 예약한다.
3. 키르기스스탄에서 생산한 하얀 꿀은 세계적으로 유명한 꿀이므로
    선물용으로 좋다.

BOKONBAYEVO
보콘바예보

스카즈카 협곡을 다른 말로 동화 같은 협곡(Fairytale canyon)이라고 한다.
스카즈카는 러시아 말로 story란 뜻이라 한다.
말 그대로 `동화 속 풍경 같은 모습의 협곡`이란 뜻이다.
이곳은 옛날엔 이식쿨 호수였는데 물이 줄고 비바람에 노출되면서
풍석작용으로 지금의 모습이 되었다.

V. 그림 같은 마을 보콘바예보(Bokonbayevo)

우리는 비슈케크의 일정을 마치고 이식쿨(Issyk-Kul) 호수를 탐방하는 계획을 세웠다. 이식쿨 호수는 세계에서 두 번째로 큰 산정호수로 키르기스스탄 동쪽에 위치해 있으며 길이가 170km, 폭이 70km이다. 이식쿨 호수는 추운 중앙아시아의 겨울 날씨에도 얼지 않는데 이식쿨은 키르기스어로 '따뜻하다'는 뜻이라 한다. 이곳에서의 첫 번째 방문지로 이식쿨 호수 남쪽에 위치한 작은 도시 보콘바예보(Bokonbayevo)로 간다. 보콘바예보 근처에는 동화 속의 협곡(Fairytale Canyon 'Skazka')과

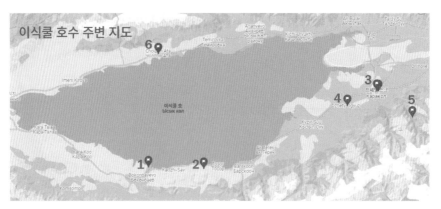

1. 보콘바예보 2. 스카즈카 협곡 3. 카라콜 4. 제티오구즈 협곡 5. 알틴 아라산 6. 촐폰 아타

예약한 숙소 유르트(Yurt, 몽골의 게르) 알말루(Almaluu)가 있다.

보콘바예보(Bokonbayevo) 추천 숙소

알말루 유르트 캠프(Almaluu Yurt Camp)

알말루 유르트 캠프(Almaluu Yurt Camp)는 보콘바예보 근처 통
(Tong)이라는 마을에 위치해 있다. 옛날 춘향전에 춘향이가 탔음직한

알말루 유르트 캠프(Almaluu Yurt Camp) 식당 내부

알말루 유르트 캠프(Almaluu Yurt Camp)에서의 캠프 파이어

아주 큰 그네가 있으며 아침에 호수 일출을 볼 수 있다. 간단하지만 먹기에 적당한 조식이 만족스러운 편이다. 캠프를 관리하고 있는 직원들이 아주 친절하며 어떤 부탁이든 즉시 해결해 준다. 저녁에 캠프파이어를 하면서 즐거운 시간을 보내기에 좋다.

하이킹, 사이클링 또는 낚시로 하루를 보낸 후 캠프에서 휴식을 가지면서 재충전하기 좋은 숙소이다.

숙소에 승마, 매사냥 등의 투어를 신청할 수도 있지만 최소 2일 전에 사전 신청이 필수이다.

스카즈카 협곡(Skazka Canyon)

스카즈카 협곡은 다른 말로 동화 같은 협곡(Fairytale Canyon)이라고
도 불린다. 스카즈카는 러시아 말로 story란 뜻이라 한다. 말 그대로 '동
화 속 풍경 같은 모습의 협곡'이란 뜻이다.

이곳은 옛날엔 이식쿨 호수였는데 물이 줄어 들고 비바람에 노출되
면서 풍식작용으로 지금의 모습이 되었다. 어떨 땐 마치 내가 공상과학
영화 속에서 보던 외계 행성에 내가 와있는 듯하고, 어떨 땐 형형색색
의 조각품들이 내 주변에 가득한 듯하며, 또 어떨 땐 동화에나 있을 법

형형색색의 황톳빛 조각품 전시장

동화에서 볼 수 있는 그림 같은 바위들

한 미로 속에 내가 있다. 파아란 하늘 아래 진한 황톳빛의 사암 계곡 이곳저곳을 다니며 눈에 담고, 사진을 찍으면 어느새 반나절이 훌쩍 지나가 버린다. 넓고 굴곡진 곳이 많이 이곳저곳을 다니려면 트레킹화를 신는 것이 좋을 듯하다.

좋은 사람들과 나들이 삼아 하루 정도 거닐어도 기억에 남을 만한 곳이다.

실전 여행 노트

비슈케크에서 보콘바예보까지 승용차로 4시간 정도 소요된다.

1. 비슈케크에서 예약한 차량과 통역사와 함께 출발하기
2. 숙소 알마루 유르트 캠프는 한국에서 미리 예약하기
   굿네이버스 회원들이 자주 이용하는 관계로 인원이 많은 팀은 미리 예약하는 게 좋다.
3. 스카즈카 협곡에서 사진을 찍을 때 배경이 황토색이라 밝은 색의 의상을 준비하기
4. 아침 일찍 숙소 부근의 호숫가로 나가서 일출 보기
5. 숙소 주인에게 부탁하여 캠프파이어를 하고 신나게 놀기

꿀팁 정리

1. 보콘바예보에서는 전통 숙소 유르트를 체험해 볼 것을 추천한다.
2. 승마나 매사냥 같은 현지 체험을 예약하려면 최소 2일 전에 숙소에 문의해야 한다.

KARAKOL
카라콜

카라콜은 중앙아시아 최고의 스키 여행과
멋진 산악 트레킹을 즐길 수 있는 곳이다.
이 도시는 계획된 도시처럼 격자 모양으로 되어 있으며
가장 유명한 인물 니콜라이 프셰발스키(Nicolai Przhevalski)의 이름을 따서
프셰발스크란 이름으로도 불리웠으며 아직도 프셰발스크란 이름이 혼용된다.

VI. 중앙아시아의 알프스 카라콜(Karakol)

카라콜은 중앙아시아에서 최고로 환상적인 스키여행과 멋진 산악 트레킹을 즐길 수 있는 곳이다. 이 도시는 계획된 도시처럼 격자 모양으로 되어 있고, 예전에는 군인, 상인, 탐험가들이 살았는데 그중 가장 유명한 인물이 니콜라이 프셰발스키(Nicolai Przhevalski) 였다. 그의 이름을 따서 프셰발스크란 이름으로도 불렸으며 아직도 프셰발스크란 이름이 혼용된다.

카라콜 추천 숙소

맛수노키(Matsunoki)

원목으로 지어진 집이며 전원주택 같은 분위기를 느낄 수 있다. 집 마당이 꽃으로 아름답게 꾸며져 있다. 빛이 잘 들어오는 방에 침대 매트리스까지 상태가 아주 좋으며, 침구도 청결하고 푹신하고 만족스럽다. 조식도 여러 가지 음식을 조합한 퓨전음식이 많고, 정갈하며 기분 좋게 하는 음식인데 특히 수제 잼이 일품이다. 이곳은 여름에도 에어컨 없이 지내고 밤에는 추우니 문을 닫고 자야 한다. 숙소 주인인 일본인 여성이 정말 친절하다. 제티 오구즈와 알틴 아라샨을 탐방할 때 승마 및 지프 투어를 예약할 수 있다.

둔간 모스크(Dungan Mosque)

중국 건축 양식의 목조 건물인 둔간 모스크는 성전을 지을 때 못은 하나도 사용하지 않았다고 한다. 건물 지붕의 모서리에는 황금색 용머리가 있고 지붕 아랫면에는 패턴이 있는 다층 처마 장식이 있다. 모스크

둔간 모스크(Dungan Mosque)

의 지붕은 황금색 기둥이 지지하고 있다. 이 모스크는 Dungans(중국계 무슬림)의 종교적 중심지이다.

성 삼위일체 교회(Holy Trinity Cathedral)

고전적인 러시아 건축 양식으로 만들어진 우아한 건물이다. 규모는 그리 크지 않지만 1895년에 지어진 성 삼위일체 교회로, 오래된 목조 건물이다. 지붕에는 5개의 황금 돔을 만들어 고풍스러운 분위기를 자아내며, 그림 같은 안뜰의 모습이 매력적이다. 별도의 입장료가 없으며 자유롭게 입장할 수 있으나 내부는 사진 촬영이 금지되어 있다. 프셰발스크를 찾는 관광객에게 가장 인기 있는 곳 중에 하나이다.

성 삼위일체 교회(Holy Trinity Cathedral)

제티 오구즈 협곡(Jety-Oguz Gorge)

티엔샨 산맥은 중앙아시아 우즈베키스탄, 키르기스스탄, 카자흐스탄, 투르크메니스탄, 타지키스탄 5개국에 걸쳐 있다. 그중에서도 만년설과 함께 그 풍광이 아름다워 사람들이 중앙아시아의 알프스라고 부르는 곳이 키르키스스탄 티엔샨 산맥의 제티 오구즈 협곡과 알틴 아라샨 협곡이다. 하지만 다른 나라의 경관도 모두 아름답다.

제티 오구즈는 '일곱 마리의 황소'라는 뜻이며, 왕인 아버지가 죽으면서 일곱 아들에게 재산을 공평하게 나누어 주었다. 하지만 욕심에 사로잡혀 서로 많이 차지하려고 일곱 형제가 싸움을 벌였고 서로 죽이고 죽

는 지경에 이르렀다. 이 싸움을 지켜본 마법사에게 벌을 받아 황소 모양
의 일곱 바위가 되었다는 전설이 있어서 붙여진 이름이다.

웅장한 자연 경관을 볼 수 있는 그림 같은 장소 중 하나다. 카라콜 마
을에서 서쪽으로 30km 떨어진 Terskey Alatoo 능선의 북쪽 경사면에
제티 오구즈 협곡이 있다. 제티 오구즈는 숲 덤불로 덮인 붉은 바위 능
선으로 암석의 길이는 37km이고 코노민 강물이 협곡을 사이에 끼고 흐
른다. 붉은 사암산 사면에 펼쳐진 거대한 짙은 녹색의 숲은 놀라운 색상
대비를 만들어 중앙아시아의 알프스라고 불린다.

협곡 숲은 25km에 걸쳐 펼쳐져 있으며, 작은 그림 같은 전나무 군락

이 여기저기에서 멋진 풍경을 만들어 낸다. 삼림 지대 해발 3000m 위쪽으로 약 15km 너비의 계곡에는 웅장한 고산 초원이 있다. 봄과 여름에 제티 오구즈 협곡은 알파인, 카모마일, 과꽃, 엘레캄파인 같은 꽃들이 만발하여 마치 바위 위에 은색 별이 가득 쏟아내린 듯했다.

제티 오구즈 협곡 정상에는 19m가 넘는 높이의 켁-자일 루 폭포(Kek-Jailoo Waterfall)가 있어 하이킹을 좋아하는 사람들은 걸어서 갈 수 있는데, 말을 이용해서도 갈 수 있도록 해놓아서 약간의 비용을 지불하고 말을 타고 가도 된다. 여기 정상은 해발 4,500m가 넘는다.

　붉은 절벽, 울퉁불퉁한 산, 여러 가지 빛깔의 고산 및 고산 초원, 손길이 닿지 않은 보호 지역, 숨막히는 파노라마, 이 모든 것이 제티 오구즈 협곡을 매우 아름답고 독특한 자연 단지로 만든다. 제티 오구즈 유르트를 예약해서 1박을 하면서 낮에는 꽃향기를 맡으며 하이킹을 하고 밤에는 밤하늘의 별을 세어보면 아주 특별한 경험이 될 것이다.

알틴 아라샨 협곡(Altyn-Arashan Gorge)

　카라콜에서 가장 인기 있는 목적지로 알려진 알틴 아라샨 계곡을 따라 걸으며 아라쿨 호수로 가는 트레킹이 유명하다. 최정상의 아라쿨 패스 뷰포인터는 해발 3,800m에 있다. 최정상까지 바쁘게 움직이면 하루만에도 다녀올 수 있으나, 베이스 캠프에서 하루 숙박하고 여유있게 다녀오는 1박 2일 여행을 추천한다. 아라쿨 패스 뷰포인트까지 계곡을 따라 걷다가, 유목민의 전통가옥인 유르트에서 숙박하고 설산과 초원, 야

1. 맛수노키(숙소), 둔간 모스크 성 삼위일체 교회는 모두 숙소 가까이 있다. 2. 알틴 아라샨 트래킹 시작 지점 3. 알틴 아라샨 베이스 캠프 4.아라쿨 패스 뷰포인터 5. 제티 오구즈 협곡

생화가 어우러진 풍경을 감상하면 잊을 수 없는 추억이 될 것이다.

카라콜 숙소 예약 시 숙소 측에 미리 트레킹 예약을 하고 가면 시간이 절약된다.

켄츠(Kench)

스테이크 전문점으로 구글 평점은 높지 않아서 크게 기대를 하지 않고 간 집인데 예상과는 달리 영화에서나 본 듯한 야외 테이블과 이국적인 꽃이 어우러진 정원은 우리 일행에게 뜻밖의 선물이 되었다. 모든 일행이 기분 좋게 티본스테이크를 시켰고, 샐러드부터 세팅을 해주는데 귀족 대접을 받는 느낌이다. 스테이크는 부드럽고 맛있었고 함께 나오는 음식들도 신선하고 좋았다. 가든파티 분위기를 내고 싶으면 이곳을 방문하여 소중한 사람들과 와인도 한잔하면서 즐겨보면 좋겠다.

실전 여행 노트

보콘바예보에서 카라콜까지 승용차로 3시간 30분 정도 소요된다.

1. 가는 길에 제티오구즈 협곡 들렀다 가기
2. 숙소에 도착하면 둔간 모스크, 성 삼위일체 교회를 둘러보기
3. 알틴 아라샨 협곡 탐방하기
4. 자전거를 빌려주는 집이 있으니 자전거 타고 여기저기 둘러보기
5. 숙소 주인에게 부탁하여 캠프파이어를 하고 신나게 놀기

꿀팁 정리

1. 카라콜은 여름에 낮에는 덥지만 저녁에는 선선하니 추위를 많이 타는 사람은 얇고 긴 옷을 준비하면 좋다.
2. 알틴 아라샨 협곡에서 지프차 체험을 하려면 최소 2일 전에 숙소에 문의하고 예약해야 한다.

CHOLPON ATA
촐폰 아타

이식쿨 호수는 세계에서 두 번째로 큰 산정호수로
보트도 타고 여러 가지 수상 놀이를 즐길 수 있다.
한 가지 특이한 점은 이식쿨호수는 산정호수인데 약간 짠맛이 난다.
설산에 둘러싸여 있지만 그 염분 성분으로 겨울에 얼지 않는다 한다.

Ⅶ. 이식쿨 호수와 함께하는 촐폰 아타(Cholpon Ata)

촐폰 아타는 키르기스스탄의 이식쿨호수 북부 해안에 위치한 리조트 타운으로 1만 명이 넘는 인구가 살고 있다. 촐폰 아타에는 여름에 많은 방문객들을 수용할 수 있는 호텔 및 게스트 하우스가 많이 있다. 소비에트 시대에는 소련의 다른 지역에서 대규모 여행객들이 자주 방문했었다. 하지만 요즘은 휴가객은 주로 키르기스스탄, 카자흐스탄 및 우즈베키스탄 여행객들이 많다.

유목민대회장(Hippodrome)

세계 유목민 축제가 열렸던 대회장이다. 유목민 축제는 키르기스스

탄이 처음 제안하여 카자흐스탄, 아제르바이잔, 터키의 지지를 받아 2014년 9월 첫 대회가 개최되었으며, 2016년, 2018년에도 열렸다고 한다. 매 2년마다 열리는 세계 유목민 경기대회(World Nomad Games)에 2018년 3회 대회 때는 우리나라를 포함한 77개국이 참여하였으며 무술, 승마, 양궁, 사냥 등 37개 종목이 펼쳐졌다고 한다. 면적은 25헥타르(hectare)이고 중앙아시아에서 유일하게 호숫가에 위치한 경기장이다. 변전소, 외부 전기망, 음용 및 폐기물 관리를 위한 우물, 181대의 감시 카메라, 보안 및 화재 경보기를 갖추고 있다.

이식쿨 호수(Issyk-Kul Lake) 투어

이식쿨 호수는 세계에서 두 번째로 큰 산정호수로 여기에서 보트도 타고 여러 가지 수상놀이를 즐길 수 있다. 한 가지 특이한 점은 이식쿨 호수는 산정호수인데 약간 짠맛이 난다. 설산에 둘러싸여 있지만 그 염분 성분으로 겨울에도 얼지 않는다고 한다.

우리는 여기서 보트를 한 대 빌려서 이식쿨 호수에서 스노클링도 하고 호수를 둘러보기로 했다. 이식쿨 호수 선착장으로 가니 멋진 보트가

눈에 띄었다. 거기에 보트를 관리하는 것 같은 사람이 보여서 렌트할 수 있는지 물었다. 관리원은 "그 보트는 개인 소유라서 안 된다"하고 다른 배를 빌리라고 하여 우리는 일반 유람선 같은 배를 빌렸다. 안전 요원 3명을 포함한 하루 대여 가격은 7,000솜 정도였다.

우리는 이식쿨 호수로 나가서 일광욕을 하고 스노클링과 댄스파티로 한나절을 보냈다. 바다에서 스노클링은 많이 해보았지만 모두들 호수에선 처음이었고 물도 차지 않아서 모두들 오랜 시간을 물 속에서 보냈다. 안전 요원 세 명도 같이 탔었는데 사람들이 물놀이를 할 때 안전사고에 대비해서 아주 세심하게 신경을 써주었다.

이식쿨 호수에서 한나절을 보내고 보트에서 내리니 매를 소유한 주인이 사진을 찍으라고 친절하게 허락해 주었다. 사람의 손에 길이 잘 들여진 매를, 여행자의 손이나 어깨에 올려놓고 사진을 찍는데 50솜을 달라고 한다.

승마 투어

여행을 오기 전에 이식쿨 호수 주변을 말을 타고 한번 달려보고 싶은 소망이 있었다. 오기 전 여행 정보를 찾으면서 말을 타고 있는 사진을 많이 보았다. 우리는 말이 많이 있을 것이라고 예상했지만 막상 와보니 주변에 말이 보이지 않았다.

구글 검색을 통해 이식쿨 호수 주변에 말을 대여해주는 Oleg란 곳의 전화번호(070-523-76-26)를 찾아 연락해서 말을 데려오라고 하였다. 그렇게 하여 말 투어 회사에서 말을 가지고 왔는데 품종은 알 길이 없지만 우리가 일반적으로 보던 말보다 덩치가 많이 컸고 TV에서 자주 보던 명마 같았다. 물어보니 현지에서 이런 말이 제일 좋은 말이며 한 마리에 우리 돈 100만 원 정도면 산다고 했다. 말의 덩치가 너무 크고 높아서 막상 올라가니 오금이 저릴 지경이다.

가격은 1시간에 1인당 500솜으로 흥정을 하고 이식쿨 주변을 자유롭게 다니며 말을 탔다. 정해진 시간까지 우리는 자유롭게 말을 탔는데 어

느 정도 타니 일행들도 마부가 없이 스스로 타는 게 가능해졌다. 말을
타고 산으로 가자고 요청했는데 회사에서는 위험하다고 거절했다.

승마투어를 마치고 버스에 올랐다. 그런데 운행 도중에 미니버스가
모래밭에 빠져서 헤어나오지 못했다. 모두들 힘을 합쳐 차를 밀었지만
우리 힘으로는 역부족이었다. 결국 주변에서 견인차를 가져와서 미니버
스를 모래밭에서 빼주었다. 참 고마운 사람들이다.

승마를 마치고 카라콜로 돌아가는 길에 시장이 보였다. 우린 여행을
다니다가 시장이 나오면 가급적 차를 세워서 현지 과일이나 채소를 샀
다. 중앙아시아는 기후가 건조해서 과일의 당도가 높고 채소 종류도 맛
있었다. 물건 파는 아저씨가 무겁다고 쇼핑한 물건을 봉투에 담아서 차
까지 배달해 주었다.

실전 여행 노트

카라콜에서 촐폰 아타까지 승용차로 3시간 30분 정도 소요된다.

l. 도착하여 이식쿨 호수 보트 예약하기 – 출발 시간 확인

2. 마을 구경 및 유목민 대회장 둘러보기

3. 이식쿨 보트 타기

4. 승마 체험하기

5. 시장에서 과일 사 먹기

꿀팁 정리

l. 촐폰 아타는 관광객들이 많아서 식당에서 음식을 주문하면 시간이 많이 걸리니 시간에 바쁜 여행객은 간편식 준비를 권장한다.

2. 촐폰 아타 액티비티는 예약보다는 현지에서 협상하는 게 좋다.

3. 단체로 매 사진을 찍으면 흥정해서 할인을 받을 수 있다.

SATY
사티

콜사이 호수 국립공원은 카자흐스탄 남동부 티엔 샨(Tian Shan) 산맥의
북쪽 경사면에 위치해 있으며 "티엔 샨의 진주"라고 불리는
이 공원의 백미는 콜사이 호수이다.
고산지대에서 자라는 꽃들과 아름다운 전나무 숲들아 장관이다.

Ⅷ. 카자흐스탄의 숨은 진주 사티(Saty)

사티(Saty) 가는 길

우리는 키르기스스탄에서의 일정을 마치고 카자흐스탄으로 가기로 했다. 처음 계획은 카라콜에서 비슈케크로 다시 돌아간 후, 국경(3번 국경, 붉은색 선)을 넘어 알마티(Almaty)에서 카자흐스탄을 여행할 계획이었다. 그런데 구글에 검색해보니 키르기스스탄 카라콜에서 카자흐스탄의 숨은 보물 사티로 가깝게 갈 수 있는 국경(4번 국경, 파란색 선)이 있어서 그 길로 가기로 했다.

3번 국경에서는 양국의 국경을 넘는 사람들이 많아서 기다리는 시간

출처 : https://caravanistan.com/border-crossings/kyrgyzstan/

이 많이 걸린다는 이야기도 들었고, 또한 카라콜에서 비슈케크로 되돌아가려니 길이 너무 멀었다. 카자흐스탄 마지막 여행지가 사티(Saty)였는데 4번 국경을 택하여 사티를 첫 번째 여행지로 경로를 바꾸고 실행에 옮긴 것은 아주 좋은 선택이었다.

가는 길에 좋은 경치를 즐기며 색다른 경험을 할 수 있었다. 대중 교통편이 없어서 키르기스스탄과 카자흐스탄에서 영업이 가능한 면허가 있는 운전수와 함께 키르기스스탄에서 카자흐스탄으로 넘어간다. 수도 비슈케크로 가서 국경을 통과하면 교통편이 좋아서 교통비는 절약되나, 비용을 좀 더 지불하고 편리함을 택했다.

출발 전에 지도를 보니 오늘 여정에 식사할 식당이 없을 것 같아서 가는 길에 점심거리로 '삼사(만두)'를 사서 갔다. 가는 길이 온통 꽃으로 풍경화를 그려 놓은 듯하고, 차 문을 열면 마치 향수를 뿌려 놓은 듯 꽃 향기가 가득했다. 그래서 그런지 가는 길마다 꿀을 많이 판다. 한마디로 꿀 천지다.

이제 국경을 넘는다

검문소에서 핸드폰으로 사진을 찍는데 군인들이 보안 때문에 사진을 찍지 말라고 한다. 여기서 필요한 수속을 하게 되는데 컴퓨터가 느린지 한 사람 입국심사 하는 데만 거의 10분 가까이 걸린다. 인원이 10명이 넘어서 두 시간 넘게 걸렸다. 입국하는 사람이 우리 앞에 2명이 있어, 반나절 정도는 입국 심사에 시간을 써야 할 듯하다. 비슈케크로 국경을 넘으면 8시간도 넘게 소요된다는 이야기를 들었다.

국경을 넘어와서 카자흐스탄 땅을 밟는다. 긴장이 풀리니 모두들 배

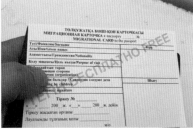

가 고프다고 했다. 들판에서 차를 세우고 자리를 잡아 준비한 음식들로 상을 차린다. 삼사, 과일, 빵을 구입해 꿀에 찍어 먹어 보았는데, 꽃향기까지 가득하니 이보다 더 즐거운 소풍이 없다.

점심을 먹고 사티 지역으로 갔다. 가는 길에 한눈 가득히 꽃밭의 장관을 담는 즐거움이 커지고 점점 진해지는 꽃향기를 온몸으로 느낄 수 있어 여행의 재미가 컸다.

구글 지도를 참조해서 길을 가는데 아무것도 없던 초원에 많은 차들이 모여 있었다. 궁금하면 그냥 지나치지 못하는 성격이라서 차를 세우

고 사람들에게 물어보니 '오늘 말 경주가 있으며 방송국에서 촬영도 한다.'고 하여 우리는 여기서 말 경주를 보고 가기로 했다.

카자흐스탄 사람들의 생활상도 보면서 들판에 앉아서 기다리는데 말탄 선수가 이리 갔다가 저리 갔다가 연습을 계속하였다. 지겨워하며 시계를 보니 2시간이 지났는데 이제야 정식 경주를 시작한다. 오랜 시간을 기다리긴 했지만, 카자흐스탄의 생활상을 엿볼 수 있는 좋은 기회를 얻어 충분한 보상이 되었다.

말 경주 관람 후 다시 차를 타고 사티로 간다. 운행 시간이 구글에서 3시간 30분이 걸린다고 했는데 입국 신고, 점심, 말 경주에 시간을 보냈더니 8시간 정도가 소요되었다.

콜사이 국립공원, 카인디 호수, 차른캐년 지도

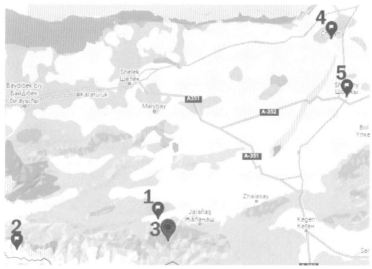

1.사티 2.콜사이 국립공원 3.카인디 호수 4.차른캐년 5.숀지

사티 추천 숙소

사티 호텔

사티 여행을 계획하면서 호텔을 찾아보니 검색에 나타나는 호텔이 없었다. 구글에서 알마티 택시 드라이버를 검색해서 사티에 위치한 숙소를 알려 달라고 요청하여 추천받은 곳이 바로 잔나라(Zhanara) 게스트하우스였다. 한국에서 계획을 세울 때 연락처를 넘겨받아서 왓츠앱(What's app)으로 숙소 사진을 받았는데, 한 방에 6명씩 들어가는 방이었다. 사진으로 보는 숙소는 열악했지만 우리는 그런 곳에 숙박해보는 것도 좋은 체험으로 생각하고 거길 숙소로 정했다.

그런데 막상 도착해서 보니 우리가 예상한 숙소로는 부적합했다. 방은 여러 타입으로 나누어져 있는데 6인실을 보니 6명이 들어가면 캐리어를 둘 공간이 부족한 듯했다. 숙소 총 정원은 30명 정도였는데, 욕실을 겸한 화장실은 하나였고 더운 물이 나오지 않았다. 투숙하고 있는 외국인에게 물어보니 여기 숙소는 다 비슷하다는 이야기를 했다. 아무리

오지 여행이지만 우리 팀
의 숙소로는 부적합하다
는 생각이 들어 차를 가
지고 통역사 라드미르와
함께 동네를 돌아보다가

간판 공사를 하고 있는 호텔을 발견했다. 문은 닫혀 있었는데 잠금장치
를 설치하지 않아서 문이 열렸다. 들어가 보니 지은 지 얼마 되지 않아
서 깨끗해 보였다. 주인 아주머니를 불러서 혹시 묵을 방이 있는지 물었
는데 우리 인원을 보더니 현재 공사 중이어서 묵을 방이 없다고 하였다.
사정을 하며 당신들이 거주하는 집에 좀 묵을 수 있도록 해달라고 요청
하니 딸이 쓰는 방도 비워주며, 그 집 4개의 방을 빌려주었다. 많이 깨
끗하고 좋은 집이라서 추천한다. 현재는 옆에 공사 중이던 호텔이 다 지
어져서 그 호텔도 좋을 듯하다.

콜사이 호수 국립공원(Kolsay Lakes National Park)

사티 마을에서 차량으로 30분 정도의 거리에 있다. 콜사이 호수 국립

공원은 카자흐스탄 남동부 티엔 샨(Tian Shan) 산맥의 북쪽 경사면에 위치해 있으며 '티엔 샨의 진주'라고 불리는 이 공원의 백미는 콜사이 호수이다. 세 개의 산정호수(The low lake, The middle lake, The high lake)가 있고 높이가 해발 1,900~2,700m이다. 고산지대에서 자라는 꽃들과 아름다운 전나무 숲들이 장관이다. 카자흐스탄 사람들이 휴양지로 많이 이용하며 호수 주변으로 트레킹 길이 마련되어 있어서 트레킹을 하는 사람들에게 즐거운 경험을 준다. 약간의 비용을 지불하고 말을 빌려서 타고 다녀도 된다. 호수에서 작은 오리 배와 작은 보트를 탈 수 있다. 휴가철에 보트를 타려면 조금 일찍 가는 걸 권장한다. 보트의 개수가 많지 않아서 조금 늦게 가면 대기 손님이 많아 2시간씩 기다려야 탈 수 있다. 공원 내에도 숙소가 마련되어 있어서 공원 내에 숙박하는 것도 추천한다.

하루 정도 머물면서 휴식도 취하면서 자연에 흠뻑 빠지면 재충전이 확실하게 될 듯하다.

카인디 호수(Kaindy Lake)

카인디 호수는 가는 길이 너무 험하여 일반 차량으로 갈 수 없다. 카인디 호수는 티엔 샨 자락에 위치해 있고 입장료는 따로 받지 않았다. 해발 2,000m에 위치해 있으며 1911년 케빈 지진으로 촉발된 대규모 석회암 산사태가 협곡을 막아 산에 물이 채워져 만들어졌는데, 물이 채워질 때 자작나무가 함께 물에 잠기어 그 경관이 아주 독특하다. 호수는 길이가 약 400m이며 깊이는 약 40m 정도이다. 물 색깔이 청록색이어서 숲의 푸른색 조합과 어우러져 멋스러움을 자아내고 있어서 카자흐스탄 사람들도 많이 찾는 곳이었다.

　카인디 호수는 가는 길이 무척 험해서 오지 여행을 각오해야 한다. 숙소에 물어보니 일반 차량으로는 갈 수가 없어서 차량을 예약해야 한다. 지정된 시간에 숙소에 차량이 도착했는데, 튼튼한 소련제 트럭(모델 y A3-UAZ)이었다. 트럭을 타고 가는데 올라가는 길에 사람들을 계속 태운다. 자리도 편하지 않은데다 길은 비포장이라 울퉁불퉁하니 몸이 춤을 춘다. 차 안에 공간이 거의 없어 불편하고 힘들었다.

　우리가 탄 차에 마지막으로 카자흐스탄 여성이 한 명 승차했는데 남자친구가 근처에 차를 주차하러 간 모양이었다. 말을 알아들을 수는 없지만 정황상 볼 때 여성은 남자친구를 태우고 가자 하고 운전수는 더이상 탈 자리가 없으니 안 된다고 한다. 그 여성은 한 명 더 태우고 가면

되지 못 태울 게 뭐 있냐며 굳은 인상에 화가 난 목소리로 말하니, 운전기사가 그 남자친구까지 태워서 몸을 움직일 공간조차 없는 상태로 비포장 오르막길을 달린다.

한 시간쯤 오르막길을 달린 후에 차가 섰다. 주차장에는 비슷한 차들이 몇 대 보인다. 호수가 어디에 있는지 두리번거리고 있었는데 사람들이 다른 차를 타고 더 높이 올라가야 한단다. 우리가 타고 온 차는 사티마을에서 여기까지만 운행이 되는 차라고 한다. 호수까지는 또 다른 차를 타야 해서 같은 모델의 차를 한 번 더 타고 20분 정도 더 올라갔다.

조금 더 오르니 목적지에 다 왔다고 내리라 한다. 이제 다 왔나 싶어서 두리번거려도 역시나 호수는 보이질 않는다. 주변에 마부들이 있어서 물어보니 여기서 걸어가면 되는데 30분 정도 걸린다 했다. 약간의 비용을 지불하면 여기서 말을 타고 갈 수 있다고 하였다. 나는 말을 타고 가야겠다고 생각하고 말을 빌려 타고 카인디 호수에 도착하였다.

카인디 호수는 지진이 발생했을 때 자작나무가 함께 수몰되어서 특이하고도 멋진 운치가 있다. 그래서인지 많은 카자흐스탄 사람들이 와서 사진을 찍는다. 구글에서 전문가가 찍은 사진을 보고 꼭 가보고 싶었는데, 명불허전이라고 카인디 호수는 올라오는 수고로움을 잊게 할 만큼 장관이다. 호수에 물이 점점 줄고 있어서 지금의 속도로 줄면 10년 뒤쯤엔 이 호수가 사라진다는 이야기가 있으니 그 전에 한번 가보는 것도 괜찮을 듯하다.

우리는 사티에서 2박을 묵을 예정이었으나 현지 숙소의 사정으로 1박밖에 하지 못했다. 마을의 다른 숙소에서 자려니 도저히 엄두가 나질 않아서 저녁에라도 다음 목적지인 챠른 캐년에서 가까운 숀지(Shonzhy)란 도시 내에 위치한 숙소를 구하려고 발길을 재촉했다. 숀지는 규모가 제법 큰 도시였는데 관광지가 아니라서 큰 숙소를 구하기가 힘들었다. 시내를 돌다가 배가 고파서 저녁으로 위구르인이 운영하는 샤슬릭 전문점에서 저녁을 먹고 팀을 분리하여 숙소를 2군데 나누어서 잤다. 다음날 아침 챠른 캐년으로 갔다.

챠른 캐년(Charyn Canyon)

카자흐스탄의 챠른 캐년은 미국의 그랜드 캐년 축소판을 연상시킨다. 1,200만 년 전부터 오랜 세월 동안 침식과 풍화 작용으로 만들어진 다양하고 아름다운 색상과 자연의 신비가 느껴지는 암석들이 가득하다. 트래킹을 할 수 있으며 지프 투어도 할 수 있다. 챠른 캐년은 사티에서 90km 거리이며 카자흐스탄의 큰 도시인 알마티 시내에서 220km 떨어져 있고, 대중교통이 없어서 개별로 투어를 신청해서 여행하는 것을 추천한다.

이곳의 지형 특성상 협곡이 많아서인지, 차를 타고 챠른 캐년으로 가

는 길에 군데군데 많은 협곡들이 보였다. 여름에 날이 너무 더운 관계로 아침 일찍 챠른 캐년에 도착했음에도 불구하고 햇볕이 너무 뜨거워 트래킹을 포기하고 입구 근처에서 여러 협곡을 보았다.

챠른 캐년은 챠른 강의 급류가 오랜 세월 동안 침식작용을 거치면서 만들어진 협곡이다. 북동쪽에서 남서쪽으로 154km나 뻗어 있으며 협곡 층들은 150m에서 300m에 이른다. 이곳은 약 3만 년 전에 형성된 지형으로 세계 희귀생물이 서식하는 곳이다. 래프팅이나 하이킹을 좋아하는 사람들이 많이 찾는다고 한다.

실전 여행 노트

국경을 넘어야 하므로 출발 전에 여권이 가방에 있는지 한번 확인하고 가자.

1. 키르기스스탄에서 카자흐스탄 국경을 넘어갈 때 점심 준비하기
   - 아침에 출발하면 키르기스스탄에서 카자흐스탄 국경을 넘어갈 무렵
     점심시간이 되는데 근처에 식당이 없다.
2. 점심을 먹을 장소가 마땅치 않으니 가다가 경치 좋은 곳에서
   미리 준비한 점심을 먹기
3. 숙소를 사전에 예약하고 가자.
   - 샤티는 좋은 관광지이지만 여행객에 비해 숙소가 부족
4. 샤티 여행 후 챠른 캐년으로 가기

꿀팁 정리

1. 국경을 넘을 때 보안상의 문제로 사진촬영이 안 되니 멀리서 찍고 들어간다.
2. 콜사이 국립공원을 여행할 때, 체력이 부족한 사람은 돈을 지불하고 말이나
   보트를 이용할 수 있다.
3. 단체 여행인 경우, 카인디 호수 차량 예약은 최소 1일 전에 한다.
4. 여름에 많이 더운 챠른 캐년은 아침 일찍 들어가는 걸 추천한다.

ALMATY
알마티

알마티 호수 물의 온도는 8~10℃ 상태로 유지되고,
알마티 지역의 주요 식수원으로 사용되기 때문에
상수도 보호구역에서는 물 안에 들어갈 수 없다.
산중 호수의 색은 어디를 가더라도 녹색이거나 청록색을 띠는데
이 호수도 마찬가지로 청록색을 띤다.

IX. 티엔 샨(Tian Shan)의 도시 알마티(Almaty)

우리는 챠른 캐년에서의 일정을 마치고 알마티로 갔다. 알마티는 카
자흐스탄의 옛 수도이며 카자흐어로 '사과의 머리'란 뜻이다. 알마티에
서는 사과를 비롯한 과실수가 많이 재배되고 있다고 한다. 알마티는 수

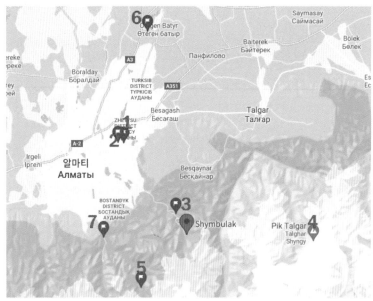

1.레니온 파크 호텔(숙소) 2.아르바트 거리 3.Medeo(심불락 케이블카 타는곳)
4.심불락 최정상, 5.빅 알마티 호수, 6.Otegen Batyr 온천, 7. U Isabaya Restrant

도 아스타나보다 경제, 문화가 더 번성하여 여행자들에게 매력적인 곳이다. 거리가 바둑판 모양으로 만들어진 계획도시라서 어디든 찾아가기가 쉽다. 가로수가 줄지어 서 있어 걷기가 좋으며 크고 작은 공원이 곳곳에 있다. 특히 젊은이들과 가족들이 많이 찾는 아르바트(Arbat)거리에서는 볼 것과 먹을 것들이 즐비하니 한 번쯤 시간을 내어서 가보면 좋다. 티엔 샨과 인접해 있고 해발 3,200m의 심불락(Shymbulak)에서 만년설을 볼 수 있다.

알마티 추천 호텔

레니온 파크 호텔(Renion Park Hotel)

공항에서 11km정도 떨어져 있다. 시내 중심가에 위치해서 어디든 이동하기가 편리하고 조식도 잘 나와서 가성비가 매우 좋다. 근처에 고급스러운 식당들이 많아서 분위기 있는 식사를 하기 매우 좋으며, 젊은이들이 많이 모이는 아르바트 거리는 도보로 10분이면 갈 수 있다. 조식 포함에 가격도 적절하고 깨끗한 이미지가 좋아서 추천한다.

심불락(Shymbulak)

심불락은 알마티에서 25km 떨어진 자일리스키 알라타우(Zaiilisky Alatau) 산맥에 있는 스키 리조트를 말한다. 중앙아시아에서 가장 큰 스키장으로 많은 관광객들이 스키를 타러 오는 곳이며 산 정상에서는 여름에도 만년설을 볼 수 있다. 정상까지는 케이블카를 타고 오를 수 있는데 여름에 가보니 자전거를 타고 오르고 내리는 사람들도 보인다. 케이블카 출발지는 메데우(Meadeu) 케이블카 탑승장이며 티켓 오피스에서 케이블카 표를 발권해서 타고 가면 된다. 군데군데 숙소가 많이 있어 여

행 도중에 지치면 쉬어갈 수 있다.

정상까지는 중간에 2번 바꾸어 타며 3번의 케이블카를 승차하는데, 정상 높이 해발 3,200m, 리프트 총 길이 3,620m를 오른다. 중간 역은 첫 번째 교차로(Intersection)역(해발 2,260m 25분 정도 소요), 두 번째 프롭(Prop)역(해발 2,630m)에서 갈아타고 정상 탈가르(Talgar, 해발 3,200m)에 도착한다. 교차로역에서는 숙소와 식당들이 많고 경치가 좋아서 차를 마시거나 식사를 하면서 쉬어가면 안성맞춤이다.

중앙아시아 사람들은 유난히도 다른 이들과 사진 찍는 걸 좋아한다. 심불락에서도 예외 없이 케이블카를 타는 곳에서부터 정상까지 군데군데서 같이 사진을 찍자고 청하는 사람이 많다. 정상에서 여러 가지 재미있는 포즈로 사진을 찍고 있으니 현지 젊은 여성들 3명이 같이 포즈를 잡고 사진을 찍고 싶어 해서 같이 찍었다.

이곳에서 카자흐스탄으로 이민 온 한국 분들도 만났다. 그들과 카자흐스탄에서의 삶에 대해 이모저모 이야기도 나누었다. 알마티 지역은 유황 온천이 좋다며 소개해 주었다.

빅 알마티 호수(Big Almaty Lake)

빅 알마티 호수는 숙소에서 35km 정도 떨어져 있으며 차로 1시간 20분 정도 걸린다. 여행객은 택시를 흥정해서 가는 방법이 제일 좋다. 호수와 높은 산이 어우러져 경관이 아름다워 알마티에서 관광객이 가장 많이 찾는 장소이다. 해발 2,511m에 위치해 있으며 소베토브(Sovetov 4,317m), 오즈요르니(Ozyorny 4,110m), 투리스트(Turist 3,954m) 세 개의 봉오리가 호수를 둘러싸고 있다.

호수의 물의 온도는 8~10℃ 상태로 유지되고, 알마티 지역의 주요 식수원으로 사용되기 때문에 상수도 보호구역으로 지정되어 물 안에는 들어갈 수 없다. 산중 호수의 색은 어디를 가더라도 녹색이거나 청록색

을 띠는데 이 호수도 마찬가지로 청록색을 띤다.

호수에 도착하여 제일 높은 경관을 보려고 계속 올라가니 검문소가 나타났다. 국가적으로 중요한 곳이 있는지 통과시켜주지 않았다. 호수 근처에 있는 정류장에 주차를 하고 호수까지 내려가는데 10분 남짓 걸린 듯하다. 가까이에서 보는 호수의 경관은 더욱 아름다웠다. 되돌아오는 길은 고산임을 증명하듯이 얼마나 숨이 가쁜지 올라오는데 햇볕까지 뜨거워서 고역이었다.

오테겐 바트르(Otegen Batyr) 온천

심불락 탈 가르 정상 아래에 앉아서 준비해 온 다과를 먹으면서 쉬고 있을 때 카자흐스탄에 이민을 온 한국 동포를 만났다. 카자흐스탄에서의 생활에 대해 이야기하다가 알마티가 유황 온천이 아주 유명하다며 근처의 온천을 추천해 주신다. 한국인이 운영하는 온천이었는데, 온천 조경을 아주 잘 관리해서 그런지 더욱 멋있게 느껴졌다. 온천은 1인 1룸, 2인 1룸, 많은 사람이 한꺼번에 들어갈 수 있는 대중룸, 노천탕 등 여러 형태가 있었다. 자연에서 나오는 온천물을 그대로 사용하여 특유의 유황냄새가 정원까지 풍긴다. 유황은 우리나라 조선시대 의학 문헌에도 만병통치약으로 기록되어 있는데, 한 번쯤 들러서 심신의 피로를 푸는 시간을 가지면 좋을 듯하다. 노천탕은 반바지나 수영복을 입어야 입장이 가능하다.

숙박도 가능하며 온천을 하면서 차나 다과를 시켜 먹어도 된다.

유 아이사바야(U Isabaya) 레스토랑

빅 알마티 호수에 들렀다가 시내로 들어가는 길에 점심시간이 되어서 우연히 오른쪽에 식당이 보여서 들어갔다. 아주 넓은 부지에 중앙아시아 분위기에 맞게 배치된 테이블과 인테리어가 인상적이었다. 식당 내부에 흐르는 계곡물이 있었는데 발을 담그니 더운 여름인데도 불구하고 매우 차갑다.

여행을 잘 하려면 배가 든든해야 해서 카자흐스탄 분위기를 느낄 수 있는 음식들을 잔뜩 시켰다. 샐러드를 비롯하여 우리나라 치즈 팬케이크 같은 것도 있었고, 양송이 샤슬릭, 가지 샤슬릭, 브로콜리 샤슬릭, 토마토 샤스릭, 양고기 샤슬릭, 닭고기 샤슬릭 등 음식의 종류가 아주 많았으며 우리나라 찌개 같은 종류도 있었다.

현지 사람들도 많이 찾는 식당이었다. 샤슬릭 종류는 주문을 받은 후에 타지 않게 숯불에 구워야 해서 음식을 만드는데 시간은 조금 걸렸지

만 요리는 정말 최고였다. 한국에서 준비해 간 라면이 있어서, 라면을 주면서 끓여 달라고 주문을 넣었는데 아주 맛있게 조리되어 나왔다.

식당 옆으로 강이 흐르며 캠핑도 가능하다고 한다. 직원들도 친절하고 요리가 맛있으며 가성비 또한 좋아서 적극 추천하는 식당이다.

되너 케밥(Donor Kebab)

알마티 시내에 있으며 여러 종류의 케밥이 한국인의 입맛을 사로잡는 맛집이다. 가성비가 좋으며 주인이 아주 친절하다. 시내를 구경하다가 맛있는 음식을 마음껏 먹고 싶을 때 찾아가면 저렴한 가격에 즐길 수 있다. 카자흐스탄 음식에 도전해 보고 싶고 한국에서는 없는 맛있데 우리 입맛에 맞는 그런 집을 찾고 싶을 때 한번 찾아가면 좋을 듯하다. 구글맵에서 검색을 해도 찾기가 힘들므로 'Ata Doner Kebab'에 도착하여 주위를 둘러보면 찾을 수 있다.

실전 여행 노트

챠른 캐년에서 알마티까지 승용차로 6시간 30분 정도 소요된다.

1. 챠른 캐년에서 알마티로 가는 길에 식당을 찾아서 점심 먹기
2. 알마티 숙소 예약하고 가기
    - 관광객이 많이 모이는 도시라서 숙소는 미리 예약하기
3. 숙소 주변에 위치한 레스토랑을 찾아서 저녁 먹기
    - 주변에 분위기 좋은 레스토랑이 많음
4. 빅알마티, 심불락, 온천 여행하기

꿀팁 정리

1. 챠른 캐년에서 알마티까지 시간이 많이 걸리니 아침에 일찍 챠른 캐년을 여행하고 알마티로 출발한다.
2. 심불락은 점심을 준비해서 정상에서 먹어도 좋고 교차로 역에 위치한 경치 좋은 곳에 레스토랑이 있으니 거기서 먹어도 좋다.
3.빅알마티 호수는 알마티 사람들의 식수원이라서 깨끗하게 사용해야 한다.
4. 알마티는 맛집이 많으니 책에서 소개한 곳은 다 가보자.

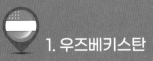

1. 우즈베키스탄

국 호	우즈베키스탄공화국(Republic of Uzbekistan)
면 적	447,400㎢(우리나라 약 4.5배)
인 구	3,516만명(2023년 통계청)
수 도	타슈켄트
언 어	우즈베키스탄어(공식 국어), 러시아어(통용어)
종 교	이슬람교 88%(수니파 70%), 러시아 정교 9%, 기타 3%
비 자	대한민국 국민 30일 무비자 가능
시 차	한국보다 4시간 느림
비행시간	인천 공항에서 우즈베키스탄 수도 타슈켄트까지 직항 7시간 소요
환 율	1,000KRW = 8521.85UZS(화폐표기 SO`M, `SOM(숨)`이라고 발음) (2023년 4월 28일 기준) 환차손과 계산의 편리성을 고려하여 1,000원 = 10,000SO`M으로 계산한다. 한국에서 달러를 가지고 가서 우즈베키스탄에서 SO`M로 바꾸어 쓴다. 은행마다 환전이 가능하고 ATM기로도 환전이 가능하다. 일반 사설 환전소도 많이 있어서 환전하기 편하다.
경 비	정확한 경비 계산은 하지 않고 1일 100$로 준비해서 숙소, 식사, 교통편에 따라서 가감하고 본인의 주머니 사정에 맞게 여행한다.

	팁	10,000SOM 단위 지폐를 많이 소지하고 도움이 필요하면 팁을 추가 지불하여 해결한다 서비스가 보통이면 1인 10,000SOM(1,000원), 우수하면 20,000SOM(2,000원) 정도로 준다. 인원이 10인 정도로 많으면 50,000SOM 정도로 해결해도 된다. 주는 사람 마음이다.
	날씨	(타슈켄트, 2015~2021년 평균 기온, ℃)

	1월	2월	3월	4월	5월	6월	7월	8월	9월	10월	11월	12월
낮	10	11	18	23	31	36	38	37	32	22	14	10
밤	-2	-3	6	10	17	21	21	18	14	7	1	-1

평균기온을 기록한 것이며 7월에 최고 기온은 40 ℃를 넘는다.

준비물	돈($), 멀티탭, 계절에 맞는 의복, 개인적인 필수품 기타 생필품은 모두 현지에서 구매한다.
유적지 입장료	비용을 지불하는 유적지가 많지 않고 저렴해서 모든 유적지를 통틀어 10만원 내외로 해결 가능함.
쇼핑 리스트	견과류, 건과일, 건육포, 치즈, 부하라 새가위(부하라에서만 판매), 꿀 등
물건 구입할 때 흥정 요령	물건 값을 터무니없이 많이 불러서 깎아주는 나라가 아니고 한국과 비슷한 에누리가 가능하다.
치안	개인마다 체감도가 다르지만 우즈베키스탄은 안전한 나라이며 대부분 친절했다. 우즈베키스탄 여행을 하면서 실제로 낮이나 밤길을 나가서 위험하다고 느낀 적은 없지만 누구나 위험한 일이 뒤따를 수 있으니 밤길은 반드시 2인 이상 다닌다.

알아두면 가끔씩 유용하게 사용할 우즈베키스탄 언어 표현

안녕(Salom) - 살롬

안녕하세요(Assalomu alaykum) - 앗살롬 알레이쿰

고마워(Rahmat) - 라흐맛

잘 가(Xayr. Salomat bo'ling) -하이르. 살러맛 볼링

미안(Uzr) - 우즈르

이거 얼마예요? (Buning narxi qancha?) - 부닝 나르히 칸차?

기차역(Temir yo'l stansiyasi) - 테미르 열 스탄시야스

호텔(mehmonxona) - 메흐먼호나

병원(kasalxona) - 하살호나

경찰(politsiya) - 폴리시아

식당(Oshxona,Restoran,Kafe) - 오시호나, 레스토랑, 카페

꼭 알아야 할 전화번호(우즈베키스탄 국가번호, 998)

대사관 연락처	○ 긴급연락처(사건사고 등 긴급상황 발생 시, 24시간) : (998) 90-029-6963
주재국 신고	○ 화재신고 101 ○ 범죄 신고 102 ○ 응급의료 103 ○ 한인회 : 291-7460

2. 키르기스스탄

국 호	키르기즈공화국(Kyrgyz Republic)
면 적	199,951k㎡(우리나라 약 2배)
인 구	673만(2023년 통계청)
수 도	비슈케크(Bishkek)
언 어	키르기스스탄어(공식어), 러시아어(공용어)
종 교	이슬람교(80%), 러시아정교(15%), 개신교 등 기타(5%)
비 자	대한민국 국민 60일 무비자 가능
시 차	한국보다 3시간 느림
비행시간	인천 공항에서 키르기스스탄 수도 비슈케크까지 7시간 소요.(2020년 2월 27일 대한민국 국토 교통부는 항공 관제 협의회를 개최하여 비슈케크-인천 공항 직항 노선을 개설)
환 율	1,000KRW = 65.35KGS(화폐표기 COM, ˙SOM(솜)˙이라고 발음)(2023년 4월 28일 기준) 환차손과 계산의 편리성을 고려하여 1,000원 = 90COM으로 계산한다. 한국에서 달러를 가지고 가서 키르기스스탄에서 COM로 바꾸어 쓴다. 일반 사설 환전소가 많이 있어서 환전하기 편하다.
경 비	정확한 경비 계산은 하지 않고 1일 100$로 준비하여 숙소, 식사, 교통편에 따라서 가감하고 본인의 주머니 사정에 맞게 여행한다.
팁	100COM, 50COM, 20COM을 많이 소지하고 도움이 필요하면 팁으로 해결한다. 서비스가 보통이면 1인 70COM(1,000원), 우수하면 150SOM(2,000원) 정도로 준다.

날씨	(비슈케크, 2015~2021년 평균 기온, ℃)											
	1월	2월	3월	4월	5월	6월	7월	8월	9월	10월	11월	12월
낮	1	2	7	8	13	22	28	27	23	13	5	2
밤	-16	-14	-6	-2	1	7	13	11	6	-2	-10	-13

평균기온을 기록한 것이며 7월에 최고 기온은 40 ℃를 넘는다.

준비물	돈($), 멀티탭, 계절에 맞는 의복, 개인적인 필수품 나머진 모두 현지에서 해결한다.
유적지 입장료	비용을 지불하는 유적지가 많지 않고 저렴해서 모든 유적지 10만 원 정도에서 해결 가능함.
쇼핑 리스트	견과류, 건과일, 건육포, 치즈, 호두, 가죽 지갑, 가방, 전통적인 기념품, 코냑(키르기스스탄 유명한 술), 보드카 등
물건 구입할 때 흥정 요령	물건 값을 터무니없이 많이 불러서 깎아주는 나라가 아니고 한국 과 비슷한 에누리가 가능하다.
치안	개개인마다 체감도가 다르지만 우즈베키스탄은 안전한 나라이며 대부분 친절했다. 우즈베키스탄 여행을 하면서 실제 낮이나 밤길을 나가서 위험하 다고 느낀 적은 없지만 누구나 위험한 일이 뒤따를 수 있으니 밤 길은 반드시 2인 이상 다닌다.

안녕(Salom) - 살롬

안녕하세요(Assalomu alaykum) - 앗살롬 알레이쿰

고마워(Rahmat) - 라흐맛

잘가(Jakshy bar) - 작시 바르

미안(Kechir) - 케치르

이거 얼마예요?(Bul kancha turat?) - 불 칸차 투랏?

경찰(Militcia) - 밀릳시아

식당(Ashkana,Restoran,Kafe) - 아시카나, 레스토랑, 카페

꼭 알아야 할 전화번호(키르기스스탄 국가번호, 996)	
대사관 연락처	○ 긴급연락처(사건사고 등 긴급상황 발생 시, 24시간) : (996) 500-579-773
주재국 신고	○ 화재신고 101 ○ 범죄 신고 102 ○ 응급의료 103 ○ 한인회 : 291-7460

3. 카자흐스탄

국 호	카자흐스탄공화국 (Republic of Kazakhstan)
면 적	2,724,900㎢(우리나라 27배)
인 구	1,960만명(2023년 통계청)
수 도	누르술탄(Nur-Sultan)
언 어	카자흐스탄어(공식어), 러시아어(공용어)
종 교	이슬람교(73%), 러시아 정교(20%), 개신교(2%), 기타(5%)
비 자	대한민국 국민 30일 무비자 가능
시 차	한국보다 3시간 느림
비행시간	인천공항에서 카자흐스탄 알마티까지 직항 6시간 소요
환 율	1,000KRW = 340.75KZT(화폐표기 TEHRE, ˙Tenge(텡게)'라고 발음)(2023년 4월 28일 기준) 환차손과 계산의 편리성을 고려하여 1,000원 = 400TEHRE으로 계산한다. 한국에서 달러를 가지고 가서 카자흐스탄에서 TEHRE로 바꾸어 쓴다. 일반 사설 환전소가 많이 있어서 환전하기 편하다.
경 비	정확한 경비 계산은 하지 않고 1일 100$로 준비하여 숙소, 식사, 교통편에 따라서 가감하고 본인의 주머니 사정에 맞게 여행한다.

팁	500TEHRE, 200TEHRE, 100TEHRE을 많이 소지하고 도움이 필요하면 팁으로 해결한다. 서비스가 보통이면 1인 400TEHRE(1,000원), 우수하면 700TEHRE(2,000원) 정도로 준다.

날씨

날씨(알마티, 2015~2020년 평균 기온, °C)

	1월	2월	3월	4월	5월	6월	7월	8월	9월	10월	11월	12월
낮	1	5	12	17	21	27	32	28	24	13	8	4
밤	-13	-12	-1	4	8	13	15	11	7	-1	-6	-8

평균기온을 기록한 것이며 7월에 최고 기온은 40 °C를 넘는다.

준비물	돈($), 멀티탭, 계절에 맞는 의복, 개인적인 필수품 나머진 모두 현지에서 해결한다.
쇼핑 리스트	견과류, 건과일, 건육포, 치즈, 보드카, 꿀 등
물건 구입할 때 흥정 요령	한국과 비슷한 수준으로 에누리가 가능하다.
치안	개개인마다 체감도가 다르지만 안전한 나라이며 대부분 친절하고 밤에도 사람들이 많이 다녀서 괜찮다.

알아두면 가끔씩 유용하게 사용할 우즈베키스탄 말

안녕(Salom) - 살롬

안녕하세요(Assalomu alaykum) - 앗살롬 알레이쿰

고마워(Rahmat) - 라흐맛

잘가(Kaupsis sapar) - 카우프스스 사파르

미안(Keshir) - 케시르

이거 얼마예요?(Bul kansha turady?) - 불 칸샤 투라드?

식당(As-hana) - 아시하나

꼭 알아야 할 전화번호(우즈베키스탄 국가번호, 7)	
대사관 연락처	○ 긴급연락처(사건사고 등 긴급상황 발생 시, 24시간) : (7) 705-757-9922
총영사관 연락처	○ 긴급연락처(사건사고 등 긴급상황 발생 시, 24시간) : (7) 777-705-6634
주재국 신고	○ 화재 : 101 ○ 경찰 : 102 ○ 구급차 : 103

중앙아시아 의료 기관은 전반적으로 의료 시설 및 수준이 낙후되어 있고 위생 관념이 낮으므로 가급적 현지에서는 수술을 피하는 것이 좋으며, 현지 병원에서 치료나 수술을 받는 경우 의사소통이 가능한 전문의를 통해 치료를 받는 것이 좋다. 특히 치과 치료는 우리나라에 비해 기술과 수준이 낮기 때문에 가급적 국내에서 치료받는 것이 좋다. 대부분의 약품은 의사 처방 없이 약국에서 구입이 가능하지만 언어 문제로 인해서 잘못된 약을 처방 받을 우려가 있으므로 상비약을 미리 구비하거나 의사의 처방이 필요한 약은 사전에 한국에서 준비한다.

못다 한 이야기

빅 알마티 호수 도난 사건

유 아이사바야(U Isabaya) 레스토랑에서 점심을 먹고 다음 목적지로 가려고 차에 탔는데 통역을 맡았던 라드미르가 자기의 가방을 확인해 보고 돈이 없어졌으니 다른 분들도 확인을 해보라고 했다.

모두들 자신의 가방을 확인해 보니, 아니나 다를까 모든 사람들의 돈이 없어졌다고 했다. 대략 2,200$ 정도의 많은 금액이었다. 대부분 손가방을 늘 가지고 다녔는데 가방을 두고 내린 장소는 빅 알마티 호수에서 사진 찍는다고 내린 곳이 유일했다. 모두들 의자에 가방을 두고 내려서 가방이 무방비 상태에 있었다. 나는 손가방을 의자에 두지 않고 차 위에 선반 칸에 두고 내렸는데 유일하게 내 가방만 손을 타지 않았다.

우리는 운전수를 의심했고, 차 안의 블랙박스를 확인해 보려 했다. 운전수가 블랙박스를 차에서 떼기가 무섭게 녹화된 영상을 지운 것 같았다. 운전기사는 절대 자기가 아니라고 하여 경찰을 불러 경찰서로 갔는데 경찰은 차 내부를 조사할 생각은 하지 않고 조서부터 꾸미자고 한다.

우리가 이방인이라서 그런지 조사가 미흡한 듯했다. 조서를 꾸미는 데만 5시간이 걸렸다. 오늘 귀국하는 날이라서 시간도 별로 없는데 짐도 호텔에 키핑 상태였다. 또한 우리가 타고 온 차량이 경찰서에 있으니 차량을 따로 예약해야 했다.

　해외에서 도난 사건이 생기면 현지 경찰에게 뭘 기대하기가 어렵다. 대사관에도 연락을 했지만 수사를 잘 해달라고 현지 경찰에게 부탁하는 게 전부다. 우리는 여행이 끝나고 나면 돌아갈 사람이라서 현지인들처럼 계속 민원을 제기하지 못하기 때문에 세심하게 조사를 하지 않는 듯했다.

　조서를 꾸미고 바로 공항으로 가서 일행을 먼저 귀국시키고 다시 현장엘 가서 톨게이트를 찾아갔다. 빅 알마티 호수에 주차했을 때 앞에 있던 벤츠 차량의 차번호를 파악하여 그 차의 블랙박스를 확인해 보려 했다. 톨게이트에 있는 근무자는 자기들 카메라는 형식적으로 달아 놓은 것이라 녹화가 되지 않는다고 한다.

　현금은 여행자 보험으로도 보상이 안 된다. 게다가 해외에서 돈 잊어버리는 경우, 경찰서에 신고하더라도 시간 낭비가 될 공산이 크다. 함께한 동행들에게 현금 소지 원칙을 미리 주지시키지 못한 점을 사과드린다. 여행에서 카드 사용이 되는 나라는 가급적 모든 결제를 카드로 하고 현금이 필요할 때는 현지 ATM기나 웨스트 유니언(Western Union)을 이용해서 필요한 만큼 현금을 찾는 것이 좋겠다. 후진국일수록 현금으로만 지불이 가능한 곳이 많은데 그런 곳도 적정한 현금을 가지고 필요할 때마다 ATM기나 웨스트 유니언을 이용하여 현금을 찾아 쓰는 방법이 요즘 여행 트렌드이다. 소지한 현금이 어느 정도 많다고 생각이 되면 꼭 몸에 지니길 당부한다.

책을 마치며

중앙아시아는 서로 국경을 맞대고 있어서 유럽의 나라들처럼 여행하기가 편리하고, 이들 나라는 어디를 가도 언어가 비슷하여 한 나라 언어를 알면 다른 나라에 가서도 70~80% 정도는 통한다고 합니다. 영어가 잘 통하지 않는 나라들이 많아서 현지 가이드를 고용하여 함께 여러 나라를 다니면 도움이 많이 됩니다.

7~8월 휴가철의 중앙아시아는 저녁에는 선선하지만 낮에는 많이 덥습니다. 시간적인 여유가 있는 여행객은 5~6월이 여행하기가 더 좋을 듯합니다.

중앙아시아는 여행 정보가 부족한 나라입니다. 여행 가이드북을 계획하고 다녀온 곳이 아니라서 이 책 지도에 표기할 식당을 하나 찾는데 며칠을 허비한 경우도 있습니다. 이 책을 가지고 여행하시는 분이 헤매지 않도록 정보를 전달하려고 노력했습니다. 하지만 있던 것도 예고 없이 사라지고, 없던 것도 갑자기 생겨나는 것이 사람이 살아가는 세상입니다. 아무리 좋은 가이드북이 있어도 돌아서면 변한 게 있습니다. 이 책 또한 마찬가지입니다. 기존의 자료가 백 퍼센트 정확하다는 생각은 하지 마시길 당부드립니다.

중앙아시아 여행을 꿈꾸는 모든 분들에게 좋은 길잡이가 되길 바라면서 책을 마칩니다. 감사합니다.

EPILOGUE

....

....

....

....

....

....

....

....

....

....

....

....

....

....

....

....

....

....